《20世纪人文地理纪实》编委会

主　编: 杨 镰
副主编: 赵京华　赵稀方
编　委:(以姓氏笔画为序)
　　　　吕 晴　刘福春　杨 镰　陈才智　张颐青　赵京华
　　　　赵稀方　范子烨　胡 博　段美乔　董炳月

国家出版基金项目
NATIONAL PUBLICATION FOUNDATION

20世纪人文地理纪实 第二辑
主编：杨镰

大中华
京兆地理志

林传甲／著　杨镰 张颐青／整理

Dazhonghua
Jingzhaodilizhi

中国青年出版社

（京）新登字083号

图书在版编目（CIP）数据

大中华京兆地理志/林传甲著. —北京：中国青年出版社,2012.12
（20世纪人文地理纪实）

ISBN 978-7-5153-1253-8

Ⅰ.①大…　Ⅱ.①林…　Ⅲ.①地理志–北京市　Ⅳ.①K921

中国版本图书馆CIP数据核字（2012）第271471号

＊

中国青年出版社 出版 发行

社址：北京东四12条21号　邮政编码：100708
网址：www.cyp.com.cn
编辑部电话：(010)57350511　门市部电话：(010)57350370
三河市世纪兴源印刷有限公司印刷　新华书店经销
＊
675×975　1/16　19.75印张　2插页　226千字
2012年12月北京第1版　2012年12月河北第1次印刷
印数：1–5000册　定价：38.00元
本图书如有印装质量问题，请凭购书发票与质检部联系调换
联系电话：(010)57350337

《20世纪人文地理纪实》

总　序

　　20世纪，是人类社会进展最快的世纪。20世纪的通行话语是"变革"。

　　就中国而言，自进入20世纪，1911年"辛亥革命"为延续数千年的中国封建王朝的谱系画上了句号，1919年"五四"运动，新文化普及，1921年中国共产党成立，为现代中国奠定了基础。20世纪前50年间，袁世凯"称帝"、溥仪重返紫禁城，北伐、长征、抗日战争……直至1949年中华人民共和国成立，新中国受到举世关注。此后，特别是从"文化大革命"到改革开放，这些历史事件亲历者的感受，深刻影响了一代又一代人。

　　20世纪是中国进入现代时期的关键的、不容忽视的转型期，以20世纪前半期为例，1900年，"八国联军"践踏中华文明，举国在抗议中反思；1901年，原来拒绝改良的清廷宣布执行新政；1906年，预备立宪……以世界背景而言，"十月革命"，两次"世界大战"，成立联合国……1911年到1949年，仅仅历时30多年，中国结束了封建社会，经历了半封建半殖民地到社会主义的巨大跨越。反思20世纪，政治取向曾被视为文明演进的门槛，"不是革命就是反革命"，不是红，就是黑，一度成为舆论导向，影响了大众思维。

　　无可否认，在现代社会，伴随社会的进步、发展，中华民族的民主、科学精神逐步深入人心的过程，是中国历史最具影响力的事件，是可持续发展的推动力、中国现代时期的鲜明特点。

《20世纪人文地理纪实》则为这一影响深远的历史过程，提供了真实生动的佐证。

20世纪的丰富出版物中，一定程度上因为政治意图与具体事件脱节，人文地理著作长期以来未能受到充分关注，然而文学、历史、政治、文化、语言、民族、宗教、地理学、边疆学、地缘政治……等学科，普遍受到了人文地理读物的影响，它们是解读20世纪民主、科学思维成为社会主流意识的通用"教材"。

人文地理纪实无异于在社会急剧变革过程进行的"国情调研"，进入20世纪的里程碑。没有这部分内容，20世纪前期——现代时期，会因缺失了细节，受到误解，直接导致对今天所取得的成就认识不足。

就学科进展而言，现代文学研究是最早进入社会科学研究前沿位置的学科之一，《20世纪人文地理纪实》则为现代文学家铺设了通向文学殿堂的台阶：论证了他们的代表性，以及他们引领时代风气的意义。

与中华文明史、中国文学史的漫长历程相比，从"辛亥革命"到中华人民共和国建立，30多年短如一瞬间，终结封建王朝世系，弘扬社会主义精神文明，是现代时期定位的标志。

"人文地理"，是以人的活动为关注对象。风光物态、环境变迁、文物古迹、地缘政治……作为文明进步的背景，构建了"人文地理"的学术负载与阅读空间。

关于这个新课题，第一步是搜集并选择作品，经过校订整理重新出版。民国年间，中国的出版业从传统的木刻、手抄，进入石印、铅印出版流程，出版物远比目前认为的（已知的）宽泛，《20世纪人文地理纪实》的编辑出版，为现代时期的社会发展提供了参照，树立了传之久远的丰碑。否则，经过时间的淘汰，难免流散失传，甚至面目全非。

《20世纪人文地理纪实》与旅游文学、乡土志书、散文笔记、家谱实录等读物的区别在于：

人文地理纪实穿越了历史发展脉络，记录出人的思维活动，人的得失成败。比如边疆，从东北到西北，没有在人文地理纪实之中读不到的盲区。21世纪，开发西部是中国现代化可持续发展的重要内容。开发西部并非始于今天，进入了现代时期便成为学术精英肩负的使命：从文化相对发达的中原前往相对落后的中西部，使中西部与政治文化中心共同享有中华民族的丰厚遗产，共同面对美好前景。通过《20世纪人文地理纪实》，我们与开拓者一路同行，走进中西部，分享他们的喜怒哀乐、分担他们的艰难困苦。感受文明、传承文明。源远流长的华夏文明与中华民族的文化，不会因岁月流逝、天灾人祸，而零落泯灭。

《20世纪人文地理纪实》是20世纪结束后，重返这一历史时期的高速路、立交桥。

北京人文地理第一书

杨　镰　张颐青

　　林传甲总纂的《大中华京兆地理志》，是"辛亥革命"结束清朝统治之后，对北京区域的人文地理作出的第一次归纳总结。

　　"京兆"是汉代的京城行政区划，含义为"大众所在"。以后便以"京兆"作为首都的代称。《大中华京兆地理志》，以"京兆"借指北京。今天的北京市，清朝定鼎后，名为"直隶"（"京师"）。"辛亥革命"，以南京为首都，北京又称"北平"。封建社会的元明清时期，绝大部分时间是以北京为政治文化中心。民国初，首都南移，但北京（北平）对中国，仍然是协调南北、牵系东西的地理标志。

　　作为《大中华地理志》的第一篇，《大中华京兆地理志》创意在民国五六年间，中华民国八年（1919）八月成书。《大中华京兆地理志》，名曰"地理志"，实为20世纪初北京地区的百科全书，北京的人文地理、自然地理和经济地理的丰富内容：建制、沿革、天象、疆界、山脉、水道、水利、地质、地势、城市设置、气候、物产、政治、军事、经济、自治、宗教、教育、实业……以及当时京师所附属二十个县治、重镇、模范村的方方面面，尽在其中，"手此一篇，不出庭户，便可洞悉一切"。（冯文光序）

　　可以说，《大中华京兆地理志》是20世纪前20年间北京地区的"国情调研"记录。作为当政者全方位治理京兆地区、制定工作计划与长远规划的资料来源与依据，又是当时学术界研究地理学的资料索引，也是教育界教授地理知识的新一版教科书。

清末推行"新政"，改革教育体制，兴办学校是重要内容。光绪三十一年（1905）规定，以"乡土志"为学校主要课程之一，并且颁行了编辑小学堂《乡土志》课本的"例目"，要求各地的《乡土志》，包括家乡的历史、地理、博物等内容，"惟乡土之事，耳所习闻、目所常见，虽街谈巷论，一山一水，一木一石，……一经指点，皆成学问"。

《泰安县乡土志》序则对《乡土志》课程作了如下阐述：

> 其宗旨以教人爱国为第一要义。欲使其爱国，必令自爱其乡始。欲使爱其乡，必令自知其乡之历史、地理、山川、人物，而后，学问逐渐扩充，以启其知识技能。此乡土志所由作也。

以设置《乡土志》课程为起点，提倡爱祖国、爱家乡，成为改良教育的重要任务，成为清末民初的舆论导向。

以上，是林传甲编纂《大中华京兆地理志》的社会背景。

即将进入现代时期的地理学科的一件大事，是清宣统元年（1909）中国地学会正式成立。编纂《大中华地理志》是学会的立足之本。

进入民国后，林传甲倡议编纂《大中华地理志》。"民国五年夏，林君来地学会，发议编纂《大中华地理志》，各省各县，广招同志，分担编辑，由中华书局购稿刊行。嗣以国内多故……事复中辍……林君奋然不为馁，时主讲易水，成《易县志》。发愤遍游寰宇，以作成全国省区志为己任，遂去易之鲁、之苏、之浙、之赣、之皖、之鄂，车尘邸两中，不释卷，不辍笔，乘官署欢迎而咨其政，携卷走乡间以查其俗，每莅一省，凡三四阅月而成一志。"为此呕心沥血，"苦心孤诣，矢成巨举"。（苏莘《大中华京兆地理志》序）

民国政府教育部次长傅治芗成为《大中华地理志》主要支持者。当时林传甲为教育部记名佥事，深感此项工程浩繁（一千八百四十四部县地理志），人员庞大，需费繁多，但未受政府补助。仅靠中国地学会，"张蔚西长者及同志八百员，于传甲近三年总纂《地理志》，实行监督，扶助进行，日日无闲"。各地官员协同，"每县得一同志，则三月成，事在人耳"。（民国八年林传甲报告书）

仅编撰《京师街巷记》二十册，动用了北京二十区半日制学校学生与教师五千余人，进行实地调查。"吴总监命传甲领五十五校，教五千余人，课学生作记事文，就本区本街，实地调查。教员身任'巡官长警'，覆阅尤多修正，每区汇成一册，陆续出版"。

《大中华京兆地理志自序》谈到如何鼓励学生调查，"传甲系顺天中学十七年前老教习，当年学生，今已任职教员。暑假前以拙著遍奖京兆公立第一中学校诸生，勖以调查"。仅此就动用如此之多的人力与时间，可见完成全国若干省市之《地理志》分册，要耗费人力与精力，任务之艰巨，工作之繁浩，没有立志进行《大中华地理志》的理想与决心，绝不可能完成。

从学校开设"乡土志"课程，到动员在校师生关心、记录乡土历史文化，参与"乡土志"的编写，是进入现代时期的中华民国国体建设的标志性"社会文化工程"。

有人问总纂林传甲，用何法成书？林传甲则回答："慈训：'到处可学，逢人可问'；又教以'勤慎有恒'，是以有志则竟成"。（《宣言书》）

自序中，林传甲谈到各省编纂《地理志》之办法："实由不设机关，不挂招牌，不定预算，惟藉督军、省长、教育厅之提倡，教育会、学校之联合，分销预约，补助游历、调查、编纂、印刷诸费。"

"交河苏莘"为《大中华京兆地理志》写的序言，开篇即云：

清季英划江洪，当局茫不识何处；日人得东沙群岛，竟罔知隶我版图。茫茫大地，羌无详册，学校所讲授，强半袭自译闻。外人潜行测步，时肇交涉，路矿林产经外人指索，而始恍然。谈政治者，以各省区之地势民物，蒙然莫辨，动致乖方。旧时志书，类铺张声华文物，不实求之地利民生。……夫各国重视地理为专科学术，得以为谋国治民之根本也。而我尚在颠倒茫昧中，自有家珍，人代指教，胠箧罔览，而大刀者将负之而走矣，识者忧之。

与林传甲同里的丁震，通过《大中华京兆地理志序》，介绍了林传甲做此项工程的初衷："奎腾（林传甲）益觉外人谋我之急……乃入京发起《大中华地理志》焉。奎腾此志，意在警觉今之政治家、教育家，留心本县之事。……盖一则见外患之亟，如汽机电流，速力骤增，是以不敢迟，二则见政局变幻，朝令夕改，昨日之新，即今日之旧，是以不敢久。"林传甲祖父林剑秋"尝取《一统舆图》授奎腾曰：'余做官四十年，无所余，惟此箧中一帙，吾子孙第一宗财产也。'"

《大中华地理志》成为社会的凝聚力之一，以编地理志唤起民众的责任感，为国家的进步、发展，开拓了知识领域。

通过《大中华京兆地理志序》的编纂出版，则为北京人留下了

"责任书"：国家富强、民生富裕，是中华民国的文明标志。

就《大中华京兆地理志》的写作、编撰而言，清代集大的地方志《顺天府志》是其起点，与《顺天府志》的"人文距离"，是林传甲着眼尺度与落墨深浅、远近之间的关照。

冯文光《大中华京兆地理志》序，言及林传甲，以"才高志远，学识宏通，博采周咨，考证详确"为其定位，具体到"京兆地理志"写作过程，则说："于山川之位置、物产之丰饶，及人民程度、政教状况，无不详载。凡我京兆实业之设施，教育之采择，应有尽有，关系极大。"

《地势》篇"风景"章，北京的景点潭柘寺、大寒岭、百花山、佛崖飞瀑、白猿洞，及盘山、空同山等处，有具体内容。《建置》篇"园亭"章，列举了"静宜园"、"清漪园"（颐和园）、"静明园"、"看花台"、"雁月楼"等园林建筑。"古迹"章，则列举了汉征北小城、隋临朔宫、玉河废县、广阳故城、常道乡城、狼城、安乐故城等遗址。上述内容是有选择的介绍，但反映出地方志、地理志的特点，即便在当时有选择，但好多古迹因农田改造，城市建设，消失毁圮，不复存在。书中的内容再简略，也成了时代的证词。

"盘山"章，描述其山川特点"盘山之远势：自蓟县西北望，如虎牙，如竹笋，皆山之绝险处，余皆杳霭回复，拥螺堕髻，浓翠欲滴，忽而流丹漾赭，彩色交宣，而一缕白云，从石罅中出，飘摇淡宕，苍茫满目矣。"使人浮想联翩。北京地区是历朝古都，名胜古迹多不胜举，类似这样的叙述，书中比比皆是。

在《大中华地理志》之中，《大中华京兆地理志》成为经典。

比如，《人民》篇的种族、言语、衣服、饮食、居处、器用、婚丧、卫生，都在相应各章结合当地的特点，一一加以举例说明。

"饮食"章，谈到京师之人不论贫民还是小康，均食杂粮玉米，细到每人每月之食量及花销钱数。还列举了具体食物的名称，如绿豆粥、炸酱面、荞麦面贯（灌）肠、小米粥、饽饽、麻豆腐等，就连发面用碱与其他地方的优劣比较，也列为一条。

"婚丧"章从婚礼之订婚分赠喜饼开始，到办事、赔奁、撞婚、亲迎、点茶、回门，一一列举，一定程度上恢复了传统的礼节与人情。"丧礼"节，则从告丧、招魂、殃榜、停柩、送葬、圆坟等逐条细说，这些民间习俗，大部分不复存在。

"卫生"章谈到京师著名药品十七种，为各县举出著名良药两种，以及对京师医疗设施作了介绍。

民俗、小吃、节令等章节，是今天读者感兴趣的内容，因为它们来历久远，因为它们容易失传。

第六章"节令"，举出旧历一至十二月节令，及各县风俗。这些风俗，多数已经流失在时代发展过程。

京兆地区所属二十个县，如今大部分已经不在北京市范围。但"京兆文化圈"是历史的存在。

《教育》篇注重教育方式的改进，"女学"列在《教育》篇之前，民国初期通县设有京兆第一女子师范学校，其他各县女子小学有六十处。与女子提倡天足同步，对女子教育的关注，需要眼力与知识。行文中说："国民教育，必男女同等，乃能普及也。"又列举了小学、中学、职业学校、师范学校，以及社会办学情况。这是民国前十年间的实录。男女分校与男女合校，都有其社会背景，不能简单以办校方针视之。通过教育的实施，对当地的人文地理调研，等于取消私塾之后的第一个合堂课的大课堂。

与传统方志侧重不同，注重实业、水利、物产、资源、运输等内容，是写作背景的体现。京兆地区的《水道》特列一篇，对十一道河流分章叙述，连沟渠、湖泊、堤闸也一一列出，并列举了各河水患及治理的建议。水系由小溪汇流为江河，是其重点。涉及湿地，无不从当地利益出发，认真确认其所在。

"公司"章，对门头沟、斋堂等地的煤矿公司作了介绍，侧重在资源的调查与开发，以及产销渠道。

"京绥铁路"章，列举了民国八年（1919）北京地区的火车站，比如广安门车站，"上下客车不多"，附近有菜园，所产远销塞北，蔬菜售价比北京高。"北京白菜，遂为张北、大同、丰镇招牌"。这不经意的一笔，北京大白菜、南菜园，相对"冷落"的广安门火车站与北京物产有了结合部位。

"风向"章，陈述"京兆气候，为大陆性。……夏秋之际，每遇西风或西北风，常致阴雨，此殆山气所酝酿，然与风雨之定则不合，当为地文学专门家增一研究之材料也"。"地文学"与"天文学""水文学"，在当时都是新兴的学科。所谓"地文学"对风向的观察研究，是面对北京大陆性气候的学术演进。

……

在19世纪与20世纪过渡时期，通过北京的人文地理特征，展示出历史的演进与时代的变迁。《大中华京兆地理志》因此留在了读者心目之中。

林传甲（1877-1922），字奎腾，号葵云。福建侯官县（今属福州）人。祖父、父亲先后在四川、湖北、湖南任职。林传甲6岁丧父，幼年孤贫。母刘氏教子有方，抚育林传甲与林传树、林传台兄弟三人成材。林传甲自幼有"神童"之称，其母"以勤劳纺织教之学，历十二年，而后出山"。林传甲秉承母教，勤慎有恒。及长，就学西湖书院，勤俭自立，刻苦读书，博览群籍，经史之外，文学、地理、数学尤为所长。毕业后，即去湖北从事教育。"林传甲之名，始腾播江汉两湖间"。

光绪二十三年（1897）为湖北民立小学之始，林传甲先后创办湖北时务学堂、衡州时务学堂、常宁时务学堂，学识才干，受到两广总督张之洞器重。

在湖南任教期间，林传甲有若干地理方面的著述，发表的有《湖南驿程记》《福建归程记》等。还有一些选题如《群经舆地韵篇今释》《皇朝舆地纪要》《续海国图志》等，屡作屡辍，迄未成书。其时，应湖南学生请求，著《图史通义》一卷（又名《普通舆地法十二讲》），由长沙督学署刊行。此书的论述，扩展到一些前人未曾涉及到的领域，受到读者欢迎，并为一些学堂选为教材。

1904年，经严复推荐，京师大学堂聘林传甲为文科教授，讲授中国文学史，并以讲稿为基础，撰写、出版了《中国文学史》，是国人所著《中国文学史》较早成书的一种，经报刊转载，在上海曾翻印十余次。

1915年，为使黑龙江省诸生懂得"读书之法"，又出版《筹笔轩日记》。同时，林传甲亦注重地方历史的研究与普及，所修志书多属乡土志类型。乡土志是清光绪戊戌维新后出现的通俗地方志，实录现实，体例简明，有利于应用与普及。乡土志是在近代中国特殊历史环境下产生的，顺应救亡图存的时代要求，强调对青少年实施爱国家、爱乡土教育的需要。这次修志普及，林传甲贡献卓著。在宣统年间编著的《黑龙江乡土志》不分卷，内分地理、历史、格制三篇，篇下分课，各课均有插图。林传甲所修志书独具特色。突破清廷颁行的《乡土志例目》要求，走出"按目考查，依例编撰"的定规，注重实用，从实际出发编成320课，内容充实。可谓既是一部通俗历史地理读物，又是一部青少年启蒙教材。1914年9月12日，北京政府教育部聘任其为佥事，仍留省用。

后因病辞职，离开黑龙江省，周游各地。

民国四年（1915）林传甲到北京后，未作停留，开始游历西北、华北，考察地理民情。他沿京张铁路、张绥铁路到丰满后，返回天津，从天津取道保定，去易县永宁山，游览清泰陵等陵墓。民国六年（1917）在易县讲学，著《易水纪游》（《地学杂志》七年十期），《易县入京纪程》（《地学杂志》八年一、二期），《大中华易县地理志》（《地学杂志》八年五期至九年五期），《古易县考》（《地学杂志》九年九期）。根据考察所见，结合过去旧游，撰成《中国铁路形势论》，概述了中国铁路布局及铁路对中国的政治、军事、经济的重要关系。

林传甲著作等身。据《武学馆批发林氏出版各书》等著录，林传甲撰写出版了数十种地理书籍，主要是属于《大中华地理志》的各地"地理志"。这是他一生主要成就，也是民国前期人文地理方面的代表作。《大中华京兆地理志》则是其中广为人知的一种。

本次整理《大中华京兆地理志》所用底本，是中华民国八年（1919）十月十日中国地学会初版的版本。

目录Contents

第二十一篇　县治

宣言书

大中华民国八年十月十日十事宣言
——闽侯林传甲报告

传甲问学浅陋，海内同志，推举为《大中华地理志》总纂。天爵尊荣，深自只惧。匹夫责任，义不可辞。受事三年，罔敢或懈，躬逢盛会，敬告国民，凡十大端：

甲　中国地学会十年纪念

中国地学会，为十年前中秋后创始。时传甲于役龙江，谨以《黑龙江地图》《乡土志》，由提学司咨复本会，是为传甲入会之始，张蔚西长者及同志八百员，于传甲近三年总纂《地理志》，实行监督，扶助进行，日日无闲。传甲谨以《周游教育日记》，就正有道。

乙　全国教育会联合会

上年在上海举行，传甲忝列宾席。时江浙两省地理志，皆每三月成一编，各省教育家，皆盼传甲速往。别来一年，编印江西、湖北、京师、京兆四册。若《安徽志》《福建志》，虽系今年出版，实系上年旧著。前此两年，每年四册。周游各省，尤感各教育家，共赞成之。

丙　《京兆地理志》出版

教育部傅次长，为兹志发起时第一赞成人。传甲为教育部记名金事，深惧本部所颁调查乡土训令，未尽实行。此次对于傅次长、王京兆，均明定国庆日为出版期，勉求践言。传甲对于国家中央政府，对于地方官绅，惟此耿耿赤诚，昭示大信也。

丁 《湖北省地理志》出版

《湖北志》本于今年三月纂成，因本会同志促归，谓京师、京兆两志，必须先成，以为十年纪念，中央为各方所具瞻也。寄孥汝汉守祖父墓，老妻祝宗梁亦谓非《湖北志》出版不离鄂。继经阮养格修正，又派舍弟传涛赴鄂校刊，涛既刊闽志，至鄂则鄂志成。

戊 《京师街巷记·内左一区》出版

《京师街巷记》二十册。系二十区半日学生实地调查，吴总监命传甲领五十五校，教五千余人，课学生作记事文，就本区本街实地调查。教员身任巡官长警，覆阅尤多修正。每区汇成一册，陆续出版，内左一区成绩较优。外人逼处，虽童稚亦知戒惧也。

己 《京师地理志》即于本年订正再版

《京师志》出版后，门人尽力推行传习。在京有专门以上校长陆是元等，在外有安徽教育厅长董嘉会，发皇师说，弘我国学。中小学生，亦用为教科。既经呈明内务部，享有著作权。在京友人。修正者亦多，如官制更改，学业进行，即拟本年订正，再版弥详。

庚 江苏、浙江、江西、安徽、福建志，由各省修正再版

传甲受各省教育，乃成各省地理志，不敢私为一家著述。江苏托

黄任之修正，浙江托经子渊修正，江西托龙荃荪修正，安徽托董亨衢修正，福建托林西园修正。并以再版之权，公之各省省议会。省教育曾草创粗材，愿修饰润色者，成人之美焉。

辛　直隶、山东、山西、河南、湖南各志，克日编印

直隶苏莘，山西李泰棻，力任分纂，均约定年内出版。河南教育厅长吴鼎昌，尽心调查，涛弟将往校印。山东师范生四百，调查尚详。昔拟先成各县志，在鲁半载无功，仅刊《青岛游记》，国庆后尽心齐晋，当必告成。《湖南志》已交门人龙承爔调查地质。

壬　大兴、宛平两县地理志，已征集材料，限年内出版

《大中华地理志》，原订全国一千八百四十四县，每县一册。传甲悲歌易水，先成《大中华直隶省易县志》，即印于《地学杂志》。江、浙、皖、赣、鄂，次第分县编纂。今大兴县知事崔麟台，劝学所长安则泰，宛平县知事汤铭鼎，劝学所长崔畏三，约定教育界同辑之。

癸　十年十月十日，各省区地理志观成

国会议员光云锦等，孔教会主任陈焕章等，深知传甲勤慎有恒，又见全国同志，如响斯应，谓十年十月十日，各省区地理志可成。盖八年八月八日，青海玉树亦附入本会。一诚感格，无远弗届，果南北不再阅墙。传甲将重经瘴岭，再涉龙漠，成此志也。

传甲遇山中老友，不及门学生，问我近状，所答者八大端：
或问编《大中华地理志》，需费繁多，安得许多资本？答用中国

钱，办中国事，不借外款。

或问《大中华地理志》受政府补助乎？答《地学杂志》受教育、农商补助。此志未受补助。

或问龙江拓垦久安，何以舍而去之？答母在，游必有方；葬母后，则东西南北之人也。

或问足下得顾亭林秘籍否？答有《历代宅京记》，已谋刊印，公之国人。

或问周游各省，何以得官绅欢迎？果操何术？答至圣温良恭俭让，子贡氏之儒由之。

或问一千八百四十四县地理志，何时可成？答每县得一同志，则三月成，事在人耳。

或问总纂用何法？答慈训：到处可学，逢人可问。又教以勤慎有恒，是以有志则竟成。

或问江浙以后，何省所得最多？答在江西。年逾四十，始生长男，名曰家华，字曰大中。

《大中华京兆地理志》序

清季英划江洪，当局茫不识何处。日人得东沙群岛，竟罔知隶我版图。茫茫大地，羌无详册。学校所讲授，强半袭自译闻。外人潜行测步，时肇交涉，路矿林产经外人指索而始恍然。谈政治者，以各省区之地势民物，蒙然莫辨，动致乖方。旧时志书，类铺张声华文物，不实求之地利民生。宗旨既违，更奚论体例。贩钞故籍，陈陈相因。确从切实调查得来者，百不一觏。以言地志，殊可痛已。夫各国重视地理为专科学术，得以为谋国治民之根本也。而我尚在颠倒茫昧中，自有家珍，人代指教，胠箧罔览，而大刀者将负之而走矣，识者忧之。泗阳张君蔚西，南通白君雅雨，自宣统初载，倡组中国地学会，莘亦勉从诸君之后。海内同志，感召同声，地学曙光，从斯一启；乃一厄于白君滦州之殉义，再厄于洪宪时代之党疑。赖张君苦力维持，始获绵绪日昌。越十年而至于今，闽侯林君奎腾，海内硕学，久耳隆誉夙以未识为憾。民国五年夏，林君来地学会，发议编纂《大中华地理志》，各省各县，广召同志，分担编辑，由中华书局购稿刊行。嗣以国内多故，人心靡宁；中华书局亦以亏累，罢购稿之约，事复中辍。盖成立一事，固若是其难也。林君奋然不为馁，时主讲易水，成《易县志》。发愤遍游寰宇，以作成全国省区志为己任。遂去易之鲁、之苏、之浙、之赣、之皖、之鄂，车尘邸两中，不释卷，不辍笔，乘官署欢迎而咨其政，携卷走乡闾以察其俗，每莅一省，凡三四阅月而成一志。数年来，政潮簸翻，势煊赫声喧豗者，举角逐于权位利禄一涂。林君独苦心孤诣，矢成巨举。顾亭林、李益溪诸先贤

后，仅见之人，洵斯卅之豪杰也哉。莘义与会晤于京师地学会，把酒
从谈，于南北各省利害大势，滔滔千言，深为倾服。嘱莘为分纂直隶
志，自惭谫陋，逊谢再三，不获已。前月大著《京师志》又告成，
《京兆志》亦将付梓，更殷殷责勉直录。林君之勤奋，令人叹莫及
也。莘以省会事繁，兼从事《河北日报》编辑，日碌碌无暇晷。吾直
省地广民稠，民六大水后，河渠已变于古；年来开矿造林，筹自治，
政教又繁于今，望洋兴叹，为之踌躇。顾素嗜地学，积久成癖，承林
君殷拳若是，自当竭蹶勉赴。一俟粗成概略，丐正于林君，暨地学会
同友。第每读林君诸志，惊为昆极海源。班门弄斧，深为兢兢。兹述
颠末，以志景仰之征忱云尔。

交河苏莘谨序

《大中华京兆地理志》序

　　京兆环拱国都，自昔称为畿辅重地。有清时设顺天府尹统治之。民国成立后，改为京兆特别区域。经王志襄大京兆数载经营，尽心规划，文化日进，大异旧观。虽前有《畿辅通志》，然与直省相混合，未有专书，记载甚略，殊为憾事。本年秋，闽侯林奎云先生，修江浙皖赣闽鄂各省志及京师志告成之后，复纂《大中华京兆地理志》。才高志远，学识宏通，博采周咨，考证详确。于山川之位置，物产之丰饶，及人民程度，政教状况，无不详载；凡我京兆实业之设施，教育之采择，应有尽有，关系极大。手此一篇，不出户庭，便可洞悉一切。较之昔日稽考莫由，问津无自者，其愉快为如何乎！不禁为京兆前途贺矣。文光才疏识浅，何足知是书万一。因钦佩之深，欢迎之至，用敢略呈数语，贡献芜词，与及门诸生共研乡土地理焉。

益津冯文光谨序于黄村京兆第二中校

《大中华京兆地理志》序

　　余读顾亭林先生《历代宅京记》，言京师为天下本。右拥太行，左注沧海，抚中原正南面，枕居庸奠朔方。念京兆今日之河山，亦犹是也。元有大明殿，以为明太祖应运之先声。元人著书，述元之德政，曰卑宫室而尽力乎沟洫，盖郭守敬之测量，为中华畴人之最精者。是以运河成于元代，为吾国南北统一河流。京兆人有乘舟，由运河逾河，逾淮溯江湘而下漓水，即可由西江至南海。吾中华建京兆于此，盖挈通惠之要领，以远及西南也。余所感者中华学术，元代最盛。而大都毡局、绣局、织染局、帘局及蜡布等局，金银器盒局，诸色名匠，皆隶于总管府。造船亦设提举司，隶于工部。绫锦局、文绮局、玛瑙玉局，隶于徽政院。铁局、木局，隶于中尚监。大都软皮局、熟皮局，隶于利用监。铜局、车局、画局，隶于少府监。玉局、石局、珠子局、颜料库，隶于将作院。箭局、弦局，隶于武备院。此外塑局、铸局，极多。知元人鞭挞欧洲而臣服之，宅京于此，物质文明在金革美术者不止武力也。林子著《京兆志》，将为各省范，或可为各国范。光复元大都声教，则俄、土、德、奥、匈皆曾以此为中央政府矣。虽十族共和不亦可乎！亭林之道，林子已任之矣。

蒙古文元序

《大中华京兆地理志》序

　　余与奎腾同年，同事于顺天中学。奎腾时在京师大学教授地理，兼课中学。每至校必抱持《一统舆图》。凡历史、兵争、朝会，与地理有关系者，皆以蝇头小字罗列图中。余始知奎腾致力于历史舆地之久，不但壬寅闱作一鸣惊人，湘学使署所刊《图史通义》，至今藏于大学者，尤奎腾少时所致力也。今年奎腾编印《大中华福建省地理志》，本省公署议会一致推重，垂为乡土教科。然奎腾夙以四海为家，近年历江浙皖赣鄂，亦有志竟成。京师、京兆志为奎腾教授京师大学、顺天中学所创议，彼时日本教员即有《北京志》出版，奎腾益觉外人谋我之急，就拣发知县赴粤，便道赴东洋考察政教。归国后，服官黑龙江者十年，讲学蒙荒者一年，乃入京而发起《大中华地理志》焉。奎腾此志，意在警觉今之政治家、教育家，留心本省本县之事。曾推北京大学教员纂《京师志》，高等师范教员纂《京兆志》。谓教员勤则学生无不勤，然今之为教员者，或一年而再易。历数任而终于无成，然则奎腾每三月成一省，如急就章。盖一则见外患之亟，如汽机电流，速力骤增，是以不敢迟。二则见政局变幻，朝令夕改，昨日之新，即今日之旧，是以不敢久。奎腾性孝，秉贤母之教，勤慎有恒，海内共知，一日不学，即为不孝，是以不敢懈。今《京兆志》出，所以教诲京兆子弟者，比昔日教授顺天中学时，累啻十倍乎？余与奎腾同乡，夙闻其曾祖乡贤杏圃孝廉，七上公车，三谒明陵，西山名刹，多有题咏。时优伶萃于樱桃斜街，士大夫沉溺于此。孝廉著论非之。旧日觞集之地，惟广和居独存。祖剑秋太年伯尝引见入京，于琉璃河、长辛店亦有题咏。又北出居庸，觇形览胜。盖太守以诸生从戎，佐骆文忠平蜀，叩夔、剑门、夔府，卓著循声。尝取《一统舆图》授奎腾曰：余做官四十年，无所余，惟此箧中一帙，为吾子孙第一宗财产也。奎腾幼时，剑秋先生已病，然图中朱笔所标，由京师至云南驿路，手泽犹存。即林文忠公滇轺纪程之道也。父丽生年伯，自鄂解京饷入都，即携《一统舆图》自随，所经陆路，即今京汉铁路也。本吾闽巨族。奎腾之学，为近三代所积者尤厚。久背乡井，论故乡文献，为老于闽者所不及。家学有本而不自私，至今见顺天学生，必询其所学，及故地方民生之状，师严道尊，闽学之正谊。自沈敬裕公贻之于京兆者，今日学子，犹瞻遗像而不忘遗爱也。余与奎腾皆受知于敬裕者，是以序奎腾之书，敬述先正为后学范焉。

民国八年国庆日同里丁震

《大中华京兆地理志》自序

大中华民国八年八月八日早八点钟，《大中华京师地理志》出版于中国地学会。面呈教育部代理部务傅治芗次长，并呈阅《大中华京兆地理志》初稿次长阅定目录。比各省精密，褒勉备至。询《京兆志》出版期，传甲以本年国庆日为对。因论及《湖北志》编成未印，亦当于国庆日出版。今乃践言。忆三年前此志发起，或疑传甲徒托空言，傅次长决其必成。上年十月十日，《江苏省地理志》出版，与全国教育会联合会集于上海，各省教育家，深信传甲每三月编印一省志，如庖丁做家常便饭，绝不费力，并非难事。春、夏、秋、冬四季，游历皖、浙、苏、赣四省，皆未逾三月。皖鄂出版稍迟，因去皖去鄂时未及出版也。每至各省，省长虚前席以问，藉陈闾阎疾苦。此志目录初成，曾晋谒王大京兆，即面陈各省办法简妙。实由不设机关，不挂招牌，不定预算，惟藉督军省长教育厅之提倡，教育会学校之联合，分销预约，补助游历、调查、编纂、印刷诸费，绰有余裕。各国著作家有著作权，法律上许为终身之恒产。顾亭林以匹夫之责，求天下利病，不过日知日新，不肯放弃天与之岁月。有志者事竟成也。京兆为各省模范。今继京师而编纂，敢不慎欤？昔在中国地学会，推高等师范章厥生主任，编《京兆志》未成。王主任桐龄又督高等师范生籍隶京兆者，调查本县乡土，略得数县。传甲系顺天中学十七年前老教习，当年学生今已任职教员。暑假前以拙著遍奖京兆公立第一中学校诸生，勖以调查，刘生文贤最勤。京兆人当知京兆，先自知，乃能自治。盖吾国教育衰颓，任教育者日事放弛。教育部通令，暑假调查乡土地理。各省学校，或提前放假，或毫无片纸皆不明共和国体集大成圣教也。传甲就学生所调查整齐之，遂哀然成册，有裨教科。通志局、县志局，虚糜廪粟，旷日无成者，闻余至亦稍除惰气矣。传甲在故乡不过三月，编《福建志》，由舍弟传涛分纂印成。复从事《湖北志》，亦同日出版。昔南窜烟瘴，北投冰霜，亦无异乡土，况京师、京兆之首善乎！京兆教育会李会长，第一师范刘校长，第一中学王校长，第二中学冯焕如，赞助良多。京兆二十县份图，出于张君鉴清，余见王大京兆。又催饬二十县，各以最新图表具复，仍赖张君汇齐。是传甲所得于京兆二十县者，无异京师二十区也。受京兆父老兄弟之教育，以教育京兆之子弟。观京兆学生人数倍于昔年，则以此志弁诸江、浙、赣、皖、闽、鄂诸志之前，亦无愧也。

闽侯林传甲撰

《大中华京兆地理志》凡例

一、地理志原定每编一百六十章，以便中学、师范每星期教授一章，四年亦可毕业。京师、江、浙、皖、赣、闽、鄂，各省章数皆同。本编章数，亦与各省一律。

二、京师志每章前六行，必提挈大纲，总括全体，以便节取教授高等小学及乙种实业学生，比各省体裁尤密。本编亦仿照编纂，以便京兆各县小学加课研究。

三、京兆只二十县，不过江皖三分之一，是以于各县之后，列巨镇、模范村各章。因各镇重要者，或无异于大县；模范村虽以村名，设备有近于县治者。

四、各省志之各县，经纬、沿革、山脉、水系，均分列于各县。京兆各县经纬、沿革、山脉，包汇记于前者，各县遂不复列，但详列地势一节，注重水利水患。

五、物产为民生之本，是以每县必列，各镇亦必列之，但力避重复。多方访问，比官书详数倍，皆得之于京兆地方之父老兄弟，务求翔实。

六、旧志莫重于《顺天府志》，但二十县志尚未完全。新闻莫重于《京兆公报》，尤详于教育实业。此外参考书报繁多，仍折中于最近之调查。

七、京兆之特色，有他省所无者，如高线铁路，僻在深山，言交通者罕有记载。因沈君延眉在事人，能言其详。地层岩石，煤田，为章演群实勘所得，亦前古所未有。

八、京兆重要各地交通利便者，著者曾躬往调查，即至艰至险之地，如梯子罅无异栈道，化山顶为西山极巅，皆由本会张会长，宛平汤知事，履勘而详记之。

九、京兆固有之乐土，如涿县三坡地方，为共和先进，亦经张会长调查嘉许。居庸十三陵、古北口，各章皆采用本会《地学杂志》，其他各章引用本杂志亦多。

十、京兆与直隶河道，关系至巨。顺直省议会员苏莘，潜心舆地廿年，尤注意于畿辅水利，于近年改道，将来计划，考论精详。本篇关系水利者，则苏氏匡益为多。

十一、京兆各镇教育实业并发达者，当推新集镇，全章由第一中学王校长主稿；诸生调查者，以刘文贤为最，逐日批答，存之母校，永为成绩。黄村章亦由第二中学冯教员参订。其他各县各镇，多由本县本镇人，或游历本县人修正，合众长而集成。

十二、地理志材料丰富，博观约取，删繁就简，务求文省事增，成一家之言。不敢如今之成编辑，剪而不裁，竭尽精力，犹不免疏误抵牾。则俟之修正再版焉。

大中华京兆二十县地理志
征集材料通告

　　敬启者传甲回京半载，昔年编纂未成之《京师志》《京兆志》，均计日程功，付之铅椠。王大京兆许其有裨教育，以序目样本三千，通饬各属学校，以示提倡。预约之始，大兴崔云卿知事，劝学所安履祥所长，预订百册，附送十册，分发各校调查志料。宛平汤啸秋知事，劝学所崔敬卿所长，预订百五十册，附送十五册，商榷宛平地志，亦征集各校教员实地调查，由劝学所交传甲总纂。简而易行，业经印发通告。第二中学冯焕如寄稿，尤翔实周密。拟推为南五县份纂，如二十县小学教员调查，各师范中学分纂，则京兆乡土教育，实用主义，洵全国模范也。

闽侯林传甲谨启

大中华地理志出版部

　　中国地学会出版图书，林氏出版图书，均由琉璃厂武学书馆批发。

　　《大中华浙江省地理志》民国七年七月七日出版，浙江印刷公司初版，杭州商务印书馆代售。

　　《大中华江苏省地理志》七年十月十日出版，上海商务印书馆出版，南京商务印书馆代售。

　　《大中华江西省地理志》七年冬至日出版，江西裕成印刷公司出版，江西省教育会再版，南昌商务印书馆代售。

《大中华安徽省地理志》八年六月二十日出版，京师中华印刷局出版，安徽教育厅发行。

《大中华福建省地理志》八年七月十五日出版，福建印刷所出版，福建省议会再版，上海商务印书馆寄售。

《大中华京师地理志》八年八月八日出版，京师中华印刷局出版，琉璃厂武学书馆发行。

《大中华湖北省地理志》八年十月十日出版，武昌永盛印刷局初版，琉璃厂武学书馆发行。

大中华地理志编纂部中国地学会编辑主任黄昌寿正分纂陕西省地理志初稿。

《大中华直隶省地理志》分纂苏莘，年内出版。

《大中华山东省地理志》大成，圣节大会公议出版。

《大中华山西省地理志》全国教育大会纪念编印。

《大中华河南省地理志》教育厅长吴鼐昌通饬调查。

东三省　分纂林传台，先编黑龙江省。

湖南省　分纂龙承燨，先调查地质。

察哈尔　分纂钱栻时，就师范复查乡土。

绥远　　分纂刘仲仁，行次绥远调查。

001~005

第一篇 总论

1.

总论

第一章 名义

大中华以大京兆为各省区之领袖，立行政区域之模范。地居中央则群才所萃，近接政府则教令易施。所属不过二十县，则考察易周。昔有清科举之世，顺天乡试全国皆可应试。顺天府尹，秩不及布政司，而列衔于各督抚之上，早已称之曰大京兆。盖京兆尹之名，仿于前汉，历代名称不同，职权特重。然京师大城以内，地方权责，在京师警察厅；大城以外，四郊各泛，又属步军统领。顺直省议会，设于天津。分省地图、邮区地图，皆以京兆全区，绘入直隶。学人政客，尚误认顺天为直隶之一府，则名义之不可不正也。

古官名古地名之标帜　明清二代风气，文人喜用古官名、古地名，顺天府尹既通称大京兆。而大兴、宛平等县人，服官各省者，必榜门曰：京兆某公馆、京兆某寓，罕有自署顺天者。今名为京兆，而乡下人犹自称顺天府管，皆不求实徒骛名也。

京兆尹为国家中央官吏乎？前清在京各衙门皆为京官，惟顺天府尹。其奏成轶于顺天府范围以外，与九卿等；其由京秩内转，亦与九卿等。大兴、宛平两知县，秩为六品。其出印结保同乡官，亦与各部主事等。况府丞治中，皆各府所未有，亦自居于京官之列。民国成立，京兆尹亦近于中央官吏，因直接于内务部。元二年所拟改州分道。三年五月，实定二十县为独立区，从此如华盛顿不列于联邦也。

京兆尹为地方模范官吏乎？京兆无自立之议会，似省非省，似道非道，特别行政区域六字，文太长，未有用者。民国三年明定京兆地方，有模范省之说。京兆各县天产地质既富，十亿曰兆，十兆曰京，生聚既盛，人才众多，惟民风淳朴，久在辇毂之下，倚赖政府之心盛，城镇乡自治，悉待官治之指挥耳。

京兆尹与直隶督军省长颉颃乎？前清尊京师，尚有直隶某藩司，误填通饬札文，右仰顺天府准此，某京兆退还原文，改填若仰顺天府难些，相传为笑柄。今天津政客，恃租界为护符，把持政幕，伟人眼光，视天津比京师重，直隶省长所拥土地，数倍于京兆，凡天津督军省长会议，屏京兆若无人，外重内轻，藩镇之祸烈矣。

第二章　沿革

京兆为明清两代之顺天府，已改定新制，而民间或沿用旧名。今京兆尹公署，即昔之顺天府衙门，实肇自元之大都路总管府。盖元明清三代，都此最久。开民国京兆弘基，若辽之南京，仅为陪都，金之中京，迁移未定。京兆全区，在尧以前为幽州，禹贡并于冀州，殷为幽州，周封尧之后于蓟，封召公于燕，秦曰上谷郡，汉曰燕国、曰广阳，魏晋曰燕郡，至北齐周。隋曰幽州涿郡，唐曰幽州范阳，宋曰广阳，辽曰幽都府，析津府，金改析津曰大兴。明初谓之北平，永乐元年，北京行在，十九年始正名京师顺天府，今改京兆尹。

大兴　宛平　周初燕都蓟，秦置蓟县，汉析阴乡、旋省，唐析广平幽都，刘仁恭析玉河，辽改蓟名蓟北，又改析津。金改大兴，沿至今。辽省广平，旋改宛平，宋省玉河。

涿县　黄帝时涿鹿之野极广。周涿邑，属燕。汉涿郡治涿县，后汉省西乡国入之。三国及晋后赵、前燕、前秦、后燕、北魏、北齐、北周沿之，唐改范阳县为蓟州治，明清为散州。

良乡　周为燕之中都，汉广阳县属广阳国，后汉为广阳郡，北齐省入蓟县，唐侨置归义、来苏、来逮等县，旋废。五代时为良乡县东境，五代时移良乡县治今城。辽以后沿之。

房山　汉良乡县，三国至隋皆沿之。唐改固节县，寻复故名，又侨置阳师威化等县。五代唐时，良乡移治阎沟。辽宋为良乡西境。金因陵寝置万宁，改奉先。元改房山。

固安　周韩国地，秦汉后为方城县，汉析临乡、阳乡，晋析长乡。北齐省方城，入涿县。隋置固安，属涿州，沿至元末明初因涿州降直辖于顺天府。

永清　汉益昌县，后汉省。三国为方城东境，安次西境。隋置通泽县，寻废。唐析安次，置武隆县，旋改会昌，寻改永清。宋省入文安，元复设，明清沿之。

安次　汉安次县，属渤海潞郡；后汉属广阳郡。北魏改名安城，旋复旧。唐析龙山、侨县、安次之名，相沿至金。元置东安州，明清为东安县。民国避重名，复古名曰安次。

霸县　汉益昌、安次地，后汉以后为安次西南境，唐以后为永清南境，宋为文安南境。金设益津县，霸州治。元因之。明省益津县入州，清因之，民国改州为县。

通县　汉路县、安乐县，后汉潞县，沿至金，元为通州治。辽宋潞阴县，元之潞州。明之潞县，亦属通州，明始省潞县入通州，属顺天府。民国改州为县。

三河　隋以前为潞县地。唐析临朐县，旋省入潞，又析三河县属蓟州。五代梁省，后唐复设，金元明属通州，清直隶顺天府。

宝坻　汉泉州县北境，北朝为雍奴县西□境，唐为武清县东北境，辽为香河县东境。金析香河置宝坻，升置盈州，旋废。明属通州，清直隶顺天府。

蓟县　周初燕国，春秋时无终国，秦为无终县。秦楚之际，辽东王都此。隋改渔阳县为渔阳郡治，唐为蓟州治。宋赐名平卢县，仍为蓟州治。明省渔阳入州，直隶顺天府。

武清　汉雍奴、泉州两县地，北魏省泉州入雍奴，唐改名武清，后沿之。

香河　唐以前为武清东境。辽析武清，并割三河县、潞县地益之，置香河县。宋赐名清化县。金元以后，悉沿香河之名。

昌平　汉军都县及昌平县，并属上谷郡。北魏析置万年、广武、沃野，北齐省周设昌平郡，隋废，唐至元皆称昌平县，明清为州，民国仍为县。

顺义　汉狐奴县，属渔阳。北魏省狐奴入蓟县，北齐为归德县。唐宋为怀柔，顺州治。金改温阳县，元省入顺州，明废顺州为顺义县，清以后沿之，民间多称安乐。

密云　周之渔阳属燕。汉渔阳县为渔阳郡治，又有犀奚、犷平、要阳、白檀等县。魏晋省入狐奴，后赵复渔阳。北魏渔阳、密云，皆郡县并设。唐为檀州治，明省州仍置县。

怀柔　汉渔阳西境，元以前为昌平东境，明析昌平、密云地置怀柔县属昌平州，清直辖于顺天府。

平谷　汉平谷县、滑盐县，属渔阳郡。北魏省平谷，入潞县。金析平峪县，元改峪为谷，明以后因之。

006~012

第二篇　天象

2.

天象

第三章 经度

大中华民国以京师为中线，即京兆尹治。中央观象台，即钦天监。昔年颁历曰时宪书，必首列都城顺天府节岁时刻，次及各省各城各旗各藩属节气时刻。民间翻刻小本，往往删去各省，独留顺天府节气时刻。愚民不知经度既异，节气必异，然尊崇中央，重视中线，则各国人民所不及也。今历书亦首列京兆节气时刻，大兴、宛平，原在京兆尹治，其经度无殊，节气无殊。霸县在中线上，是为初度，亦曰起点。大兴以东，偏东各县；宛平以西，偏西各县，经度有微差，则节气时刻，亦有微差特所差，既微，人或不觉耳。

偏东各县治　永清　六分

怀柔　十二分

顺义　十三分

通县　十四分

安次　十九分

密云　二十六分

武清　二十八分

香河　三十二分

三河　三十四分

平谷　五十二分

宝坻　五十三分

　　　　　　　蓟县　五十九分

偏西各县治　固安　三分

　　　　　　　昌平　九分

　　　　　　　良乡　十一分

　　　　　　　房山　二十二分

　　　　　　　涿县　二十三分

旧界宁河偏东一度十分，今划入直隶界。

第四章　纬度

　　全球之纬度，起于赤道。京兆各县，自北纬之最南计算；自大城、文安划入直隶，当以霸县为最南，稍北为永清、固安、安次，又北为涿县、武清，又北为良乡、房山、宝坻、香河，又北为大兴、宛平及通县，又北为三河、蓟县、顺义，又北为平谷、昌平、怀柔，最北至密云，而限以古北口。凡纬度不同，则昼夜永短之差迥异。在京南者差数较小，在京北者差数较大，但距京颇近，大小之差无多，不比漠北江南，差数悬绝。测北极之高度，以定北纬之确数，京师为中央，固全国寒暑适中之地也。顺天旧志，误以经为纬，彼此互易，并纠正。

　　京师　大兴　宛平　三十九度五十五分

　　京南各县　通县　三十九度五十四分

　　　　　　　香河　三十九度四十六分

　　　　　　　宝坻　三十九度四十五分

　　　　　　　良乡　房山　三十九度四十四分

　　　　　　　武清　三十九度三十二分

<table>
<tr><td rowspan="12">京北各县</td><td>涿县</td><td>三十九度三十一分</td></tr>
<tr><td>安次</td><td>三十九度二十五分</td></tr>
<tr><td>固安</td><td>三十九度二十四分</td></tr>
<tr><td>永清</td><td>三十九度二十一分</td></tr>
<tr><td>霸县</td><td>三十九度八分</td></tr>
<tr><td>三河</td><td>四十度〇分</td></tr>
<tr><td>蓟县</td><td>四十度五分</td></tr>
<tr><td>顺义</td><td>四十度九分</td></tr>
<tr><td>平谷</td><td>四十度十三分</td></tr>
<tr><td>昌平</td><td>四十度十四分</td></tr>
<tr><td>怀柔</td><td>四十度十九分</td></tr>
<tr><td>密云</td><td>四十度二十三分</td></tr>
</table>

旧界大城北纬二十八度四十四分，已划入直隶。东北各县，又以西门名拱辰者，误矣。

第五章 历象

京兆为治历明时首要之地，但正朔所颁，惟公文一致通行；民间所立契约账簿，往往仍用旧历，殆数千年之习惯，未能遽改。最足以表现者，为各县乡镇之期，如三八或单双日期，皆仍用旧历，既无碍于治安，地方官惟有勉顺民情。盖因南京改历之始，孙文以命令代法律，不用正式国会通过，且议员皆不由人民真意所选，不足以代表人民之真意。而乡曲良民，无世界知识，无国家思想，亦缺乏公民常识；教育部以总持历象为职责，教育界能了然于历象所以然者极少；政府亦从各国多数，不从人民多数也。

历书　教育部颁布，京兆各机关、各学校无不遵行。"历"字为前清庙讳，久已避用。乡曲之士，仍书阳历旧历，不知当做阳历旧历。前清时宪历，因避讳改称《时宪书》。今有奸商射利之书贾，妄编民国八年时宪书者，当严为查禁。民间习惯称皇历者不知皇室逊政以后，宣统年号，但行于神武门以内，不能行于京兆区域也。

宜忌　旧历于每日之下，附载建除丛神之说，以吉凶惑人。京兆明达之士，多不择日，即下愚之人，识字甚少，如附火车出行，日日满载，决非术士"不宜出行"四字所能阻也。民智日开，前明学士解缙在京上封事，请废除历中宜忌，事虽未行，今日历书居然实行也，惟结婚送葬，尚有选择时日者。今城市多于星期日举行庆吊事，且宜忌必渐次废除矣。

《通书》　昔日葬师所为，年年出版，墨守前清之万年历，不知前清康熙雍正之时，两次改宪，小轮椭圆，推步益密。今远镜日精，考测日密，中央观象台，采用最新日躔月离表，上合天行。前清所谓万年历者，乃当年谀词之词，代代称天子万年，而皇帝无满百年者，世代无满千年者。则墨守万年历者，当知革故鼎新矣。

《国民快览》　即昔年官商快览，应时需要，且曲投俗好，销路甚佳。今为上海书业公所垄断，不如昔年材料多不完备，京兆市民颇以为日用之书。

月份牌　各商家藉分送五色月份牌，为招徕生意之用，各机关亦多印之。

日历　每日揭一张，京兆各机关，多悬此，以记阴阳历对照之表。

日记　国民日记、学生日记，由商务印书馆印成。京兆绩学之儒，勤学之生，能日记不间，若袖珍日记，尤便于携带。

第六章　节令

京兆各县乡民，节令悉从旧俗。内务部颁定春夏秋冬四节，以顺舆情，然冬至为历元。历代郊天，视各节为最重，世界各国，无不以冬至为历元，即治历起算之端也。乡民市民，仍以三节为算账之期，元旦最重，端午、中秋亦号大节。每月朔望，商人或一小结束，然农人耕田播种收获，皆以节气计算。实已暗行阳历，惜百姓日用而不知也。惟迎神赛会，各有定期，均用旧历，迷信遽难破除。至于国庆纪念各日，官署升国旗，放假，而人民若不知者。则由民国政府未有实政以惠吾民，民与国隔阂，则中华根本之忧也。

阳历庆祝纪念日期

一月一日　南京政府改元，适合各国岁首。预算自七月始，学年自八月始。

二月十二日　南京统一，宣布共和，自京师始。国会不良，成立日无足纪念也。

十月十日　民国起义，始于武昌。正式大总统，亦以是日就职。

十二月二十八日　云南起义，再造共和，适合耶稣生日，或申甫重牛，救国救世。

至于马厂誓师为七月三日，三造共和为七月十二日，法令宜定于一也。

旧历十二月之节令如下

正月　固安人于元旦黎明验大豆十二枚，以卜十二月雨水，又牵驴迎喜神方。

二月　二月二日龙抬头，固安食煎饼。十九日，通县北坝菩萨庙。有庙场香会。

三月 三月三日,涿县病创者,多以长流水洗之,即古人修禊遗意。

四月 上半月通县宏仁桥、娘娘庙、张湾、广福寺,俱有庙场香会。

五月 五日,安次小儿皆佩五色丝,曰长命缕。夏至涿县戴长命菜,即马齿苋也。

六月 六日,三河汲水浸物,经久不坏。固安曝书,通县曝衣。

七月 七日,良乡乞巧穿针固安陈瓜果,祭牛女。十五日,放河灯。安放旱道灯。

八月 二十八日,蓟县城隍诞赛会。

九月 九日,乡农散工,三河人并开六畜栏,放于田野。

十月 一日,永清以晚谷祀其先。

十一月 冬至,塾师释菜于先师,师生以次肃拜,谓之拜冬。

十二月 腊八粥,固安必于五更前食之。

013~019

第三篇　疆界

3.

疆界

第七章 东界

京兆疆界，最东之点，在蓟县马伸桥东南二百户。旧图以漋洄河为界，与直隶玉田县分界。马伸桥为赴东陵大路，有清之奉安东陵，实在京兆东界，遵化西界，自置守护大臣，戍以旗兵，附近民田叠经圈入，地方官不得而问焉。晚清之季，已多由旗人私垦。民国成立，有改放民垦者，是以东陵私产，往往拓为蓟县东界。天然腴壤，宜以养民。帝后遗骸所在，不致如汉唐之发掘，已为吾民之优待，比古人为进化，亦有清保护昌平明陵，宅心较厚，而民国之保护清陵益厚也。

东路各县之疆界

通县　东至三河界燕郊二十五里，西至大兴界双桥十八里，南至武清界回回营七十里，北至顺义界葛渠二十五里，东南至香河界安平六十五里，西南至安次界马驹桥六十五里，西北至大兴界二十五里，东北至三河界四十五里。

三河　东至蓟县界二十里，西至通县界五十五里，南至香河界三十里，北至怀柔界六十里，东南至宝坻界三十里，西北至顺义界七十里，东北至平谷界五十里。

宝坻　东至玉田界口头六十里，西至香河界丘各庄二十里，南至直隶天津县界陈家台一百一十里，北至蓟县界三岔口十五里，东南至直隶丰润县界牛津头七十里，宁河界胡智庄九十里，西北至三河界新集镇四十里。

蓟县　东至直隶遵化界马家崖四十五里，南至宝坻界何各庄六十里，西至三河界段家岭五十里，北至黄崖关六十里，东南至玉田界大曹庄六十五里，西南至宝坻界秦家庄七十里，西北至平谷界峨嵋六十里。

武清　东至宝坻界苦盐坨七十里，西至安次界桑园二十五里，南至直隶天津界永定河九十里，北至通县界马各店三十五里，东南至宝坻天津界筐儿港一百一十里，东北至香河界运河四十里，西北至通县界城厂二十五里。

香河　东至宝坻界苇子房三十里，西至通县界运河桥儿上十八里，南至武清界赶庄五十里，北至三河界鸟儿洼二十五里，东北至宝坻界杨回回庄二十五里，西北至通县界潮潮河俗名窝头河十八里。

第八章　西界

京兆疆界最西之点，为涿县之上中下三坡。涿县经度为各县之最西，而三坡则在房山极西北，宛平极西南，突入直隶，介乎保定、口北两道之间。西北界涿鹿县，西南界涞水县。山则有黄安岭、柏陈峪、金华山、抓髻山、黑坨岭，水则有白崖水、大泽水，清泉寺村居中，东有北边雀。南至镇厂村，北至岭南台，西至龙门村，盘坡峨峪，皆辟农林，果树畅茂。柏林碱亦可称山中扼塞地，此地为京兆之桃源，地方举三老以自治，卓然为一极小共和国而附庸于涿县也。

西路各县之疆界

大兴　东除城属八里外，至通县界十二里，西无管辖，新图附西郊于大兴，兼有西郊地。南除城属二十四里，至安次界七十一里。北除城属十三里外，至昌平界二十三里。东南除城属三十七里，外至安次界五十里。西南除城属十里外，至顺义界三十五里。西北城属十二里外，至昌平界十三里。

宛平　西除城属十五里，外至直隶涿鹿界一百七十五里。南除城属二十里，又除大兴属二十七里，至固安界五十五里。北除城属十八里外，至昌平五里。正东无管辖。西南除城属十五里外，至良乡三十里。东北无管辖系大兴属。西北除城属十五里外，至直隶怀来二百一十五里。

良乡　东至宛平界广阳城十二里，西至房山界庄巢村二十二里，南至涿县界五十里，北至房山界黄官屯十五里，东南至宛平界南章各庄二十五里，西南至房山界琉璃河镇五十里，西北至房山界二十里，东北至宛平界十二里。

涿县　东至固安界茨村三十里，西至直隶涞水界高村三十五里，南至直隶新城县界高村三十五里，北至房山界北务村二十五里，东南至新城界三十里，西南至新城界三十里，西北至房山界三十里，又至三坡界一百八十里。

房山　东至良乡界大董村十七里，西至直隶涞水界二百里，南至涿县界长沟镇三十五里，北至宛平县潭子港五十里，东南至良乡界曰草洼三十里，西南至涿县界正子营六十六里。西北至宛平界百花里一百八十里，又与涿县之上中下三坡连界。东北至宛平界孙高各庄五十五里，卢沟桥四十里。

第九章　南界

京兆疆界最南之点，以霸县属之胡家屯、富花屯为最南之点，已插入直隶之新镇县界华离之壤，俗称插花地。稍北有三地相近而不相连，一曰丰盈屯，二曰苏家头、薛疙瘩，三曰李家头。又西北有一地曰高家头。又东有一地，四面插入直隶文安县者曰毕家坊，共有插花地六处。如湖海之岛屿，所异者接近大陆也。至于霸县版图大段之最南，则为雄县界之关口。《顺天府志》旧图，但有县南突出一线之地，如半岛状，不如今日实测实勘之精细也。经界不正，清丈不能实行，亦政治不修之一端也。

南路各县之疆界

固安　东至永清界二十里，其地曰辛务。西至涿县界州县庄三十里，南至霸县界牤牛河，又名东减河五十五里，今淤。北至宛平县界石家垡十八里，东南至永清界王家寺三十里，西南至新城县界辛家村六十里，西北至良乡金门闸减河，今淤。东北至安次界北化各庄三十里。

永清　东至安次界东赵刘庄三十里，西至固安界苏家务十八里，南至霸县界李家口三十里，北至安次界干居村三十里。东南至霸县界信安镇五十里西，西南至霸县界北孟村二十五里，西北至固安界孙家务二十里，东北至安次界姜志营三十里。

安次　东至武清界十二里，即落垡车站。西至永清界西储十二里。南至霸县界褚河港六十五里，又接直隶静海县界。北至大兴界回回营五十里，东南至武清界艾万庄五十里，西南至永清界永定河滨之哈喇港四十里，西北至大兴界之旧州镇五十里，东北至武清界之白马房三十里。

霸县　东至安次界朱家港七十五里，并与直隶静海县连界。西至新城界垒河集二十二里，正南至文安界李家头三十五里，正北至固安界沈姜家营二十六里，东南至直隶大城县界石家铺八十里，西南至雄县界关口三十里，西北至固安界东西务营二十六里，东北至永清界信安镇五十里。

旧界　霸县之南有保定县，又南为文安县，又南为大城县，南境跨子牙河之南。东界青县，南界河间。今之南界比昔之南界，约短少一百五十里。

第十章　北界

京兆疆界最北之点，以古北口为极北，即密云之北境，与热河特别行政区域以边墙为界，俗名万里长城，上海编教科书者盲从焉。城外热河区域滦平县地，边墙至此三面突出，形如凸字。潮白二河皆自塞北流出，知蒙古高原，比京兆地方更高，近口处因山为堑。自古设险以隔阂内外，致塞外不能早日开垦。兴学劝业，是则不知以文化柔远人，徒深闭固拒也。今热河所属两盟，多已放荒设治，行见通商修路，同符内地，则边墙仅表示区域之界画，为历史之纪念而已。

北路各县之疆界

昌平　东至顺义界高丽营五十里，西至直隶怀来界水头岭一百十五里，南至宛平界辛店三十五里，北至直隶延庆界九渡河百二十里，东南至大兴界沙河五十里，西北居庸交延庆界二十里，东北至怀柔界前后茶坞七十里。

顺义　东至三河界杨各庄三十里，西至昌平界小粉庄二十里，南至大兴界吴各庄二十五里，北至怀柔界太平庄三十里，东南至通县朱堡四十里，西南至昌平界三十里，东北至怀柔界别家庄三十里。

密云　东至墙子岭关九十里，西至怀柔界梨园庄二十里，南至怀柔界夹山庄二十五里，北至热河滦平县界白马关一百里，东南至平谷界渔子山一百里，西北至边墙河防口四十里，东北至古北口百里，黑峪关一百六十里。

怀柔　东二十里梨园庄接密云界，东南百里东山下皆与密云为界，西至昌平界潘各庄五里，南至顺义界焦家村十里，东南至三河里唐洞百里，西北至昌平界平连口四十里，东北至密云界大水峪城五十里。

平谷　东至蓟县界红石头三十里，西至三河界周村庄十五里，南至蓟县界大旺务庄十五里，北至密云界山东庄二十里，西北至怀柔界井儿峪二十五里，东南以盘山为蓟平分界，通骑不通车。

按京兆地方为模范省之基，而经界迄今未正，盖经界局之设。在清丈增赋，以致人民反抗。观插花畸零之地，如房山柴厂属宛平，香河宝庐庄属宝坻，或因历史习惯，舍近而就远，知吾民富于独立自治之性，有非官治所能强者也。

020~031

第四篇　山脉

4.

山脉

第十一章 大房山

大房山正脉，由恒山来，自西徂东。古之燕山，横亘拒马河之北，自山西界之花山、驿马岭，出灵丘之东，经直隶涞源县北，其南支为紫荆关，北干入京兆界，为百花山，峙于斋堂之南。又东为东灵山、西灵山，突起为大汉岭。东南为大房山主峰，距房山县治西门六十里，金代陵寝在焉，房山县即由此得名。金太祖太宗，皆卜葬于此。与大房山并峙者，曰扬家大岭，其中名山有上方山、小西天，即石经山。自百花山以东北，若大安山，若谷积山，皆与潭柘山相连，而衍为西山山脉。

防山　隋《图经》防山上有仙人玉堂，或即《水经注》所称石穴也。

大房岭　五代后唐李存勖遣李嗣源，败契丹于大房岭。

以上为房山见于古籍之异名。

瓦井　天光　孤山口　为县西赴房山要地，皆与山势升降。

石梯　高数百磴，为登山最险处，左右缍长百尺。陟者缘之。

上房寺两涧　闻泉声而不见水。昆卢顶上，有七十二刹。

十三洞　一洞可隐隐见影，二洞即黯黑无光，三洞是一小窦。入二洞后，倏然而高，列炬不见顶，旁有一潭，抵九洞无路有穴，如井雾气蓊塞履滑衣湿，不易前进。至十三洞路尚不穷，十三洞约六七里，洞中之石莹白如玉，有天然石钟石鼓，叩之作钟鼓声；又有长眉祖师、十八罗汉及龙虎等像，大抵因天然之形状，经良工之雕刻，年久而益觉奇古，曹学佺游记，书之最详。

水帘洞　在大房山之东北，又名曰孔水洞。唐胡詹作记，云有人篝火深入探之，五六日莫究其源。

火焰山　旧志距城二十里，今观城西北有坎山，坎起为火山遗迹，不知何年熄。

红煤厂　遍地皆煤，今有高线铁路，由它里前山达此。

黑龙关　山中险隘，为宛平插花地。

雪花岭　山中最高处，先见雪花。

六聘山　晋霍原六聘不出，因以得名，讹为绿屏，徒点缀风景而已。

第十二章　西山

西山横当京兆区域之西，自京师望之，苍莽郁葱，虎卧龙蹲，烟开雾合，水泉流衍，物产滋丰，有庙宇五百处之多。宛平县西诸山，近者卑者，便于登眺，一泉一石，皆为名胜；远者深者，亦易瞻仰。西山大利，全在煤田，以供京师烟火百万之炊爨，森林果树之饶，犹未尽兴也。《方舆纪要》谓京西三十里，太行别阜拱峙畿石称为名胜，傅云龙则以为恒山别阜。今西人驰汽车于西郊者，大抵盘桓西山之麓者也。西山爽气，避暑尤宜。议员逃席，达官避位，亦借山林以为高焉，不惧西山移文之腾笑乎？

聚宝山　俗呼荷叶山，在城西三十里，或曰昔人年言西山即专指此山。

香山　一名小清凉，乾隆时诏改静宜园。

玉泉山　金章宗避暑处，天下第一泉。

普陀山　四王府东北一里许，山上有天仙庵。

翠微山　又名平坡山，高出众岭，望卢沟车马，历历可见。

卢师山　卢师神祠，是桑乾出水之口。

秘魔崖　八大处之幽胜处。

薛家山　北京大学造林处。

觉山　有五华、双泉、翠峰、仰山，环之如屏，仰山又名十八盘山。

寿安山　即五华山，元至治时御史观音保谏五华山事，弃市。

半天云岭　即卧佛寺，圆如髻。

画眉山　黑龙潭西八里许，有温泉，温度低于汤山，周围土壤皆出白碱。

天宝山　一曰金山，又曰瓮山，乾隆赐名万寿山，今为颐和园，西五里有卧龙冈。

化山　为西山绝顶，俗名老山，一名大山。周百余里，旧志旧图未载。最高处峭拔一峰，俯视二百里，昆明湖、汤泉、黍谷、白檀诸山，皆在眼底，有梯子罐结荆葛为樵径。

红石山　青龙桥迤北。

五峰　居民占云气知雨候。

石景山　又名石经山，或作石径山。

妙高峰　金北口二十里，一石山屏，笋簴如簇，拔海①三千尺，与旸台山顶相埒。

戒坛山　距城五十里，山中可望浑河。

罗喉岭　距城六十里，道极险要。

百花山　距城百里，亦百花陀。

潭柘山　距城八十里，西有西湖山，与万寿山之西湖无涉。

———————
①现作海拔。整理者注。

菩萨山 距城二百里。

第十三章 居庸关

居庸关为京北之重险，古之幽都，在昌平之西北。淮南子言天下九塞之一，又为京师八景之一，曰居庸叠翠。两山夹峙，下有巨涧，悬崖峭壁，向称天险。唐高达夫《入关》诗，有"绝坂水连下，群峰云共高"之句。明初大将徐达，垒石为城，以壮京师门户。南口距昌平西北三十四里，有城，南北二门。其上十五里，为关口，跨水筑之。亦南北二门，又有水门。又八里为上关，有小城。又七里曰弹琴峡，水流石罅声若弹琴。又七里为青云桥，东有小堡。又三里即八达岭，南口东六里有龙虎台，与积粟山相峙，如龙蟠虎踞焉。

居庸关四大山洞

居庸关山洞　长约二里，车行经二分钟之久，穿居庸关右旁山腰而过。

五桂头山洞　比诸洞为最短，而石质特坚。

石佛岭山洞　石佛在岭上，洞上有长城亘山顶。

八达岭山洞　长约四里许，车行历四分钟，左壁有电灯三十六座，为他洞所无，比各山洞为最长。自居庸南口，至岭北不过四十里，万山复列，互有犄角焉。

居庸城之雄壮

城距南口十五里，巍然当道，筑于明景泰时，两面皆踞山坡，居民寥寥，亦无铺户。城中有石造方台，高约六丈，顶平无楼，四围绕以回栏，行人皆穿中而过，有类城门，工作坚致，纯用白石砌成。顶上刻佛像，两壁则镌数种文字，有与罗马字相类者，有与梵字相类者，有间架类汉字而结构迥然不同者，第就汉字谛视之，知所刻为佛经，后署至正元年乙酉，盖元代建筑物，蹂躏欧亚之雄风，犹有存者。

居庸上关城

空无居人，弹琴峡过最狭。峡上佛像，俗指为杨五郎。

八达岭

居庸北口，当口门尽头，关城环抱两角，与长城相连，然已倾圮过半，仅存少廓而已。城上残碑，系明景泰年号，于谦所以却也先也。登瞭望楼，远望气势磅礴，万山皆若培塿。涧水之循峡下驶者，至此而绝。从古南北相争，皆倚为重镇，北口以北，地势散漫，道路四通，无险可扼矣。

第十四章　十三陵

昌平北十八里天寿山，山脉自西山蜿蜒而来，群峰连亘，流泉环带，明代陵寝，皆奠于此。自东西两峰而外，或各名一山，皆以天寿统之。一永乐长陵，在中峰笔架山下；二洪熙献陵，在西峰下；三宣德景陵，在东峰下；四正统裕陵，在石门山东；五成化茂陵，在聚宝山东；六弘治泰陵，在史家山东南；七正德康陵，在金岭山东北；八嘉靖永陵，在十八道岭；九隆庆昭陵，在大峪山东北；十万历定陵，在小峪山东；十一泰昌庆陵，在天寿寺西峰之右；十二天启德陵，在双锁山檀子峪西南；十三崇祯思陵，在锦屏山昭陵西。

谒思陵道里

自南口傍山东行，过涧河数道，河中石子如拳如卵。南望龙虎台，明成祖尝驻跸昌平延庆分界处。东过太平庄至采林园，弥望皆柿林，桃梨枣杏，亦多有之，每柿一株，结实驮连蒙地，岁售钱二千。

园东北为小红门，明思陵所在也。颓垣外绕，占地不过数亩，中有享殿三进，败扉柴立，不蔽风雨，殿坏土露，孤以砖甃之，周仅四五丈，殉难太监王承恩，亦坿葬其西南隅，国亡君死，千古余痛。思陵东北，十五里，红墙黄屋，掩映松楸间，即十三陵。

诸陵之近况

成祖长陵，最为弥丽，垣墙以内，古树成围，棱恩殿、享殿皆完好如故，登享台四望，诸陵旋绕，宛如朝拱状。延恩侯朱氏，岁以春秋两季来致祭，日祭一陵，十数日而毕。陵西有公馆，侯祭时所寓也。前清时候出京回京，皆须具奏。

长陵距昌平五里，西距南口三十五里。当年御路，仅余乱石残砖，左右禁园，渐为民垦。陵外有大明长陵神功圣德碑，洪熙元年立。碑阴有乾隆御制哀明陵三十韵，华表分立四隅，周各三抱，高约四丈，云龙蟠绕，石像对列，林接数里，计狮象虎豹诸石兽十二对，亦古迹所宜保存者也。

长陵之东为景永德三陵，松柏蔚然，西则献陵、定陵，规制亦备。

悼陵村

悼陵村在思陵之南，父老言顾亭林先生，每谒陵必斋宿于此。先生撰《昌平山水记》，非记山水风景，存明陵掌故也。

第十五章　汤山

汤山为京北名山，地属昌平。县东绵山起于南邵村，绵延于小辛村而尽。东南为大小汤山，大汤山高可十余丈，挺然立于野田中，与西来诸山，如断如续；小汤山又在其东，相去约一里，石色苍黑，高仅数丈。村民数十家，皆倚山南聚居。村东即汤山行宫，建于康熙时，翠华久已不来，辇路就荒，垣周数十，倾圮殆尽，垣内亭阁，半已颓坏，惟荒榛断莽之中，池水清澄，荷花点缀，尚不减华清风景，后面山石丛起，浑然天成，亦汤山东行余脉也。殿前二池，东为温泉，西为热泉，环山天气和煦，绣壤相错，九州之上腴也。

热泉　热泉池中，蒸气逢逢，有如釜上，池底沸泡，时时上腾，虽当严冬，其热度之高，过于沸点。现有地皮公司，来此收买民地，建筑旅馆，时有汽车客来。

温泉　东厢作小池，引温泉注之，温度略低，宜于夏浴；西厢小池，引热泉注之，冬日亦可浴，池两面作穴，东入西出，余垢亦随流去，每一人浴则竟体淋漓，汗流浃背，愉快舒畅，不啻醍醐灌顶。昔为帝王享受者，今为伟人垄断矣。

渠塘　泉既出垣，余热不散，多溢为渠塘，村民利用以洗濯灌溉焉。

京兆地方，泉之著者，附录于此。大抵泉在山中，平原中极少，且易湮塞也。

玉泉　宛平西北三十里，有二石洞，崖刻玉泉，又有天下第一泉御碑。

进珠泉　涌玉泉　宝珠泉　试墨泉　四泉皆在静明园，注玉河。

一亩泉　马眼泉　并出西山，注高水湖。

玉龙泉　双眼泉　青龙泉　并出西山，注西湖。

清冷泉　清旨泉　涍至泉　在觉山西。

潭柘泉　在岁喉岭潭柘寺。

龙泉　良乡旧志龙泉山，即房山龙泉谷。

天槽　地槽　香河东，名曰义井。

醴泉　固安城西南二里，相传平地泉涌，高尺余，甘愈痼疾，今湮。

灵山泉　三河灵山之麓，三面有泉，极清冽。

圣水泉　出三河圣水山。

龙眼泉　虎眼泉　暖泉　百泉　天寿山泉　翠屏山泉　白浮泉皆昌平。

曲水泉　入于白河。

灵迹泉　出灵迹山，皆顺义境。

蟠泉　龙泉　皆密云。

杖引泉　灵泉　一斗泉　皆房山境。

清泉　注入拒马河。

乐堆泉　注入涿水，皆怀柔境。

灵泉　平谷县东北。

第十六章　古北口

古北口，为长城最要之关隘。古之鲜谷，直隶地质图列古北口附近诸山，于甘布连纪。口南小新开岭，大新开岭。石以玄武岩为最富，东坡则多石英，夹道峨峨，斧凿之痕宛然。过岭由山涧东行，则巨岭巍然，迎面而起，所谓南天门也。山高而险，只通步行，车骑往来，则纡道岭麓。渡潮河即古北口，口南山岭纠纷，然皆散而不合，至口则山势连亘，东西无际。长城与关城相接，曲折湾环，势若长蛇，关门凿山而过，仅容单车。辽金要塞，宋韩琦谓之虎北口，清设同知，驻提督。潮河绕关城而南，亦逝而不返也。

密云山径大势

小别大宫，纷糅千里。大抵以鲜谷山巾其颠，冶山柱其颊，大图山挈其岭，燕乐山据其脊，青草顶山振其尻，五峰白莲伸其股，平顶诎其右臂，缘边诸山，聊其卫络，内境诸山，实其藏胃。

黍谷回温之原由

刘向《别录》，燕有黍谷，地美而寒，不生五谷。邹子居之，吹律而温气至。今黍谷山又名寒谷，一名燕谷。按燕北之地，近于貉。孟子所言：夫貉五谷不生，惟黍生之。盖黍性最耐寒，塞外黑龙江，即以黍为当食，所谓小米是也。黑龙江未开荒以前，天气极寒，招垦设治兴学以后，天气渐暖，人多则烟火多故也。

火焰山

密云东北二十五里，一名火炎山。岩谷峭削，色如火焰，见中古火成岩之遗迹。又名火突山，连于墙子岭。

盘龙卧虎之形势

盘龙山在古北口东，卧虎山在古北口西，左右夹据之天险也。金史所谓留干岭夹道诸山。又东有秋千峪、归儿岭、白莲山、杆门山并峻，而连于齐头崖、倒马岭。

古北口附近诸山

白檀山　桃花庵山　酸枣岭　黑松山　以植物著名。

凤凰山　鹦鹉崖　驼骨口　龙潭山　以动物著名。

铁矿山　青铜山　银冶山　金洞山　石煤岭　以矿物著名。

第十七章　盘山

盘山距蓟县城西北三十里，自西门经西关、五里桥、花园、贾各庄、官庄、营坊，至山根。北有行宫，虽寥落尚未荒废，望海楼尚完全。清初多由平谷登大岭，缘仄径，至李靖庵，观舞剑台，历青阳峪，援攀蚁附，凌高降深；二十余里，过双峰寺，至峰顶，登黄龙祖师殿，及舍利塔，俯视卢龙古塞三千里外，烽台壕堑，如视诸掌。云罩寺有净业，上方、白猿洞、天门开诸胜。盖远望之，浑然一峰，入山则奇峰迭出，而九华、双凤、紫盖、挂月、自来诸峰尤著，盘桓起伏，百有余里，古松万株，郁郁苍苍。土人言除夕圣灯，为山中灵迹云。

盘山之远势

自蓟县西北望，如虎牙，如竹笋，皆山之绝险处，余皆杳霭回复，拥螺堕髻，浓翠欲滴，忽而流丹漾赭，彩色交宣，而一缕白云，从石罅中出，飘摇淡宕，苍茫满目矣。

法感寺之下盘

距蓟县二十五里，法感寺房山麓，是为下盘，地势陂陀，松根与石角相倚，清流激良，作琮琤声。

妙祥寺之石洞

山路崎岖诘曲，往往中断，寻微径，辄逢怪石。

千像寺之摇动石

屹立千寻，一人撼之即动，亦异境也。

中盘寺塔

古塔屹立，西有净室，石根树杪，时见行人相距咫尺，而远隔数里，山径纡迴可见。

云罩寺之绝顶

月上空明，人多斋宿。以自来峰为上盘，是为三大盘，上盘以松胜。

黄花白狼诸塞

蓟门形势，自古重之，自李愿以后，高卧之士日少矣，北出平谷曰盘阴。

盘山附近诸山

十峰、九岩、八大岭，详见风景章。

钟灵山　如盘山左翼，有东井峪、西井峪、葫芦峪、小岭。

蒋福山　如盘山右翼，大栲栳山、小栲栳山、田家峪、马家峪。

032~048

第五篇　水道

5.

水道

第十八章　拒马河

京兆地方水道，自西而东观之，当以拒马河为之首。出自直隶涞源县，行山峡中，经易县北，又东经涞水县北，涞水县以此得名。东至于涿县，合琉璃河而为白沟焉。拒马河自西徂东，界画南北，形如一字。晋刘琨因此以拒胡马，足见我民族奋斗御侮之精神，宜为京兆第一川流。《周礼》言其浸涞易。今观涿县西南，地势平坦，实中古巨浸遗迹。涿县之名，原于涿鹿，涿本永名，今河滨豢猪者众，殆古人制字，具有精意，可见黄帝以来，吾民皆有嗜猪肉特性。考古涿鹿，近代直隶之保安，涿水入永定，实则古涿水极广也。

拒马河发源处

源出直隶涞源县，即旧日山西代郡广昌之涞山。北崖古塔，当县城之东。东北流至长城浮图峪，北有一水，自城南北流来会，又东经长城北，至塔崖驿；又南有一水，南自山中北流，出城来会。又东流至紫荆关，北入长城。又东北经易县北境山中，折而东南流，经涞水北境，交京兆界，始渐出山也。又为古之桃水，又名渠水。

拒马河经三坡所受支流

涞水县与涿县之上中下三坡地方，以拒马河为界，所受某流，有直隶涿鹿县之白崖水，及境内庄窠涧、桑园涧，又受大泽村之大泽水，自宛平之铁绝岭流出，盘坡峨峪，仿佛桃花源，山中农民颇受灌溉之益，而下达铁锁岩，冬日不冻。

拒马河经房山所受支流

涞水与房山亦以拒马为界所受支流，一曰芦子水，自黄涅角山中，西流入拒马。二曰狐友潭，三曰东港，四曰圣水峪，皆细流。五曰十渡河，有二源，东出驷马台，西出东村，合龙庄湖南注。六曰六渡河，七曰乾河，至此而下，拒马分流为二焉。

拒马河经涿县之支流

拒马河南支，入涿县境，三分三合。一在高村之东南，二在孙家庄之东，三在义和庄之西；合县西南诸小水，经县治之西，与北支合。北支入涿县境至宋家营分合间，积成沙漠，长十余里，阔五六里。又东北流至张村，合房山县流来之胡良河，即古洹水合挟水以东，会于琉璃河。

第十九章　琉璃河

京兆地方发源之水，以古圣水为最，即琉璃河之上源。《水道提纲》谓源出房山县西北山中。以今日实地勘测，则琉璃河上流，名曰龙泉河，自宛平境发源。光绪《顺天府志》，已知宛平之源，视古为密。今《宛平图》，龙泉河之源，曰青草涧，发于金鸡台山下，两源并发，合而西南流，经史家营、莲花庵，折而东南流，咸子水、柳林水入焉，入房山界，经北峪及西班、东班各庄，至河东村，宛平之雅河，南流来会，水势始盛，乃名龙泉河。经磁家务，合它里水，南至马各庄，会东流水，乃名琉璃河。东南经良乡，至涿县，会于拒马河。

琉璃河之支流

孔水　源出房山西北，孔水洞之西南，即宛平插花地之沙峪水。盖京兆乡俗，乡村亦有孔庙崇祀至圣，是以名曰孔水、曰圣水。出羊耳峪，至歇息冈，又经前朱各庄北庄，至县之西北关东南流，绕县城东北至坨头村会响水，为牤牛河，以入于琉璃河。

响水　源出房山西北晌口闸，经塔洼、大红寺、小红寺、留台尖，至房山县城西南，又东南经辛庄、双孝庄，会于牤牛河，至芦村入于琉璃河。

坝儿河　源出房山县西长沟峪，经茶棚、凉水泉、老山庄、坚水洼，有宛平插花地，柴厂水南流来会，至西山口，始入平地，即周口店，又经周口村、下坡、陀头，东南流至同程村，入于琉璃河，此节河身约与周口店铁路平行。

琉璃河经良乡

琉璃河镇　为琉璃河之中心，最重要者曰桥头。昔年南北驿路所必经，而京汉铁路之铁桥，则在其下游，车站在路东，旧镇在路西，有民船下达天津。

琉璃河套　挟活河自房山发源，东西二池，由地涌出，左右相连，合而成河，经峪儿、上中院、下中院、孤山口、龙门口，纳韩村河，东南经白村入涿县界，分流为二，一自琉璃河镇入琉璃河，一自下游之兴礼入琉璃河，圈成河套。

琉璃河经涿县

琉璃河下游　入涿县为刘家庄，经北港，至马头镇，为民船所泊，南至小吕村，合拒马河以入于大清河。盖清水河在前清尊曰大清也，支流牤牛河久淤。

第二十章　永定河

京兆地方，设永定河防局，屡经减政，岁支犹近二十万元。有清盛时，尝以国币数百万，掷之河工矣。永定河上游曰，桑干河，古之灅水，亦曰湿水。源山西马邑洪涛山，西源出宁武管涔山者尤远，经山阴应县，至大同之南，东经直隶阳高之南，怀来之西，至长城天津关之西，始入京兆宛平界，仍盘迴西山之中，不足以为患，自石景山以下，陡落平原，全恃堤工，河北河南，分段设局，如警察之防盗也。当其冲者曰固安，曰永清，长堤绵亘，又经安次县马头镇，南下武清县皇后店，南下达天津，合大河入海，水患愈烈。

永定河经宛平西境

入长城处曰幽州山，俗名猪窝口。东近昌平之镇边城，至白铁岭，受梨园岭一水，至富家台，受东西斋堂煤窝之水。又东经下马岭，受苇子水，至三家店车站，折东南，经石景山、西老头、张仪村，至卢沟桥，入良乡界。湍猛异常，上激下淤，故易为患。

永定河经良乡西南境

入界东岸为钱宫营，有章各庄、宝安庄、丁庄、北二工，西岸为公议庄，经赵庄、任家场、窑上村、金门闸，入涿县界。水涨时开闸，放入白沟，年久淤淀，害及两河，应堵塞。

永定河经涿县东北

入界西界为陶家营，有堤延长至南蔡村，复入宛平界，西界长安城，入固安境。

永定河经固安县北境

永定河入界，昔有太平河、减河，今淤。直至城北五里铺北之南四工，河北即北十里铺，经大孙郭、小孙郭，至东亚堤、西亚堤之间，有减河东北流入安次境。正流由梁各庄，下达永清，以上不通航路，以下则立夏后秋分前，可通天津货船。

永定河经永清东北

入界为孙家务，经贾家务、双渡营、柳坨，至安澜城北惠家务，入安次界，可行船。

永定经安次南境

入界为哈喇港旧道，经齐家坨南，今北逼调头镇、马头镇之南，东入武清界。

永定经武清南境

旧道在王庆坨北，今北逼教子嘴北，东合大宛通县之凤河，入直隶天津县界。

第二十一章　清水河

京兆地方，河运之最有益者，莫若清水河，习惯称大清河。上游承拒马、琉璃两大来源，河流较缓。原有引河一道，引永定入清水河，未几引河自淤而清水自清，不至与浑河相混也。今俗名中亭河，又名玉带河，即古之会同河。会金门闸之水经东西茨村，及望海庄，皆涿县东泊船要地。河东略有沙漠。入固安县西境，经北相、中相、白马庄，亦通航路。西南出境，至直隶新城县平景镇。下游入白沟，纳易水，经雄县城西，新镇县城北，复入京兆界。又东北经霸县之南，东入直隶文安县境，经天津而达于海。

清水河在涿县东境者

拒马、琉璃两河合流后，旧图或但称巨马河，或因行舟之便，舟子但称琉璃河，是以马头镇、茨村、望海庄，遂并称三口岸，民间既资灌溉之利，亦无决口之虞。

清水河在固安西境者

自涿县入界为北相村、中相村，东岸为曹家庄，又南东为柳斌屯，西为白马庄，又南东为陈固城、荆垡营，西为李洪庄，又南入直隶新城县界。

清水河在霸县南境者

清水河出界经直隶境，受清苑诸县之水，盖天津、保定两道通舟最要之航也。自新镇县东十五里，入霸县界，为营口村。东流经苑口村至苏家桥，此镇系霸县、文安所共辖，往来船只多泊于此。下游四十里，则文安之石沟村也。

中亭河在霸县南境者

中亭河起自县南老堤村，东流十余里，经东西栳栳圈，再东流即文安之胜芳镇。附近产米，精白细腻，冠于亚洲，南洋之仰光、西贡所不及也。大清河居南无北堤，中亭河居北无南堤，中间成为溢流，一等泛滥，两河间数十村，悉成泽国。

清水河与永定河

霸县治在中亭河北，东南各村，均恃中亭北堤为保障，西南村庄则恃六郎堤为保障。官督民修，力薄工简，前年大清北溢，永定南决，两堤内外，一片汪洋矣。

牤牛河支流

自固安入霸县西北境，东南流至西栳栳圈与中亭合，夏间通小舟。

第二十二章　潮白河

京兆地方，河流自塞外流入者，为潮白河。上源有二，在古北口外，热河区域发源者，曰潮河发源地，旧为御焉厂南大山，今为丰宁县西北境，名老虎沟。经大阁镇，至古北口，入境经潮河关、桑园、石匣镇、望都岭，曲折西南行，至密云县城之西南，会于白河。白河源出独石口外，察哈尔区域，沽源县之马尼图岭，西人以大沽口之水为白河，总括京畿诸水，沽源县因此得名。然以潮白河二河论，潮河尚远于白河，大于白河；白河入塞经赤城复出塞，至鹿皮关口，入密云县境，北合白马关水，南至密云，会于潮河。

潮河上游水患

明季清初，拟凿通漕运，至今仍不通舟楫，水患陡急，不能蓄为水利，夏秋泛滥，土堤易决。盖每逢暴雨，诸山童秃，奔流直下，其势汹汹，古北口之小营庄，及河南塞鲁各庄，当其要冲，受害尤烈，宜于山腰河旁广种树株，以杀水势。

白河合流水患

白河，自密云县属河槽庄与潮河相会，直趋西南，经怀柔县之罗山南下密云境内走马庄、沙河庄、十里铺等处，每当暴雨时行，下游不畅，则沿河悉成泽国，膏腴田亩变为沙漠。盖沙从塞外小沙陀挟至，与水患共来，不与水患俱去，尤农家之疾苦，而无可赴诉者。盖向无堤岸防御，人力不修而听之天，天岂肯优待惰民乎？

怀河之水患

白河自密云入界大新庄西南流，经南坊庄与雁溪河相汇，称为怀河。水浅滩高，航路遏绝，沿河引水灌溉。河涨时，马家李家两河及南坊庄张之口，皆被冲淹，亦无堤岸防御。雁溪源出塞外，亦挟细沙，名曰九渡河，亦名水峪河，入顺义界。

顺义河决及改道

潮白河自怀柔入界，九渡河会之而水益盛。经牛栏山镇，旧为潞河上流，即北运河所资以济运者。民国元年，河决于李遂镇，改由此镇东南，经香河入宝坻界，潴于低地，因宁河沿海地高，不能宣泄，决口以后，顺义尚见丰收，以宝坻为壑，四百余村，五六年不得播种，不得已而导入鲍邱河，与箭杆河合，注于蓟运，入直隶宁河县境，经芦台入海。旧道已涸，尚有议疏通故道，以复原状者。

第二十三章 通惠河

通惠河，一名闸河。因昔日漕运，全恃各闸以蓄水，每一闸，闸上之水，或比闸下之水，差至丈余，元郭守敬所测定。元明清三代利用之，特设闸官，以司启闭。又名玉河，因近源多出自玉泉山。或名御河，因导什刹海入禁苑，为南北中三海，由御河桥流出，而后会护城河而东也。其实各城皆有闸，两闸之间可行船，漕运全盛之时，船只众多，沿河盘闸之民，皆食其利。京兆地方，人工所造之河，以此为最。京师各沟洫，污浊所归，秋冬水尤臭，不能生存鱼鳖，不如上源西山泉水也。源出昌平曰浮，下达通县，会于潞水。

通惠河别称

文明河　《顺天通志》旧称，今以文明为口头禅，而河流文明，无复修治者。

泡子河　又名护城河。今京城东南之泡子河，已枯竭。教育部中央观象台，罕有教员率学生仰观俯察，郭守敬之学成泡影矣。

通惠河闸交通

西便门至二闸一带，略具文明之象，如下。

临河花园　富商张姓设张园，多仿西式；同仁堂乐家老铺，亦建别业于此。与之对列，其他临河民居亦整齐，京师附郭膏腴，谋生较易也。

河中画舫　亦以富商画舫为最，民间亦有游艇，中西人士，携眷清游，风景不减于秦淮，惟严禁花舫，风纪比南京更肃。

通惠河闸之实利

水磨之利　二闸庆丰水磨公司，利用水力激动机轮，以制面粉，三闸亦设有分厂，而售面处，则设于西便门。

养鱼之利　三闸芦苇中多鱼坑，夏日蓄清水，以养厚鱼，供京师食用，其利数倍于种田，亦有附种菱藕者。

通惠河之航运

三闸　以上属京师东郊，下达通县境，尚有普济闸、八里桥。今四五两闸，船只不行，因京通铁路极便，无人肯行水路，惟三闸二闸附近各乡村人民入京者，喜乘民船，每船载五十余人，每人收铜元二枚，可谓廉矣。

第二十四章　北运河

京兆地方，昔年通道于东南各省，逾河、逾淮、逾江、逾浙，莫若运河之纵贯南北；而北运遂为南漕北来之通道，且运盐则近自长芦，运铜则远及云南；铁路未通以前，洋广杂货，由海舶运天津者，莫不由北运河至通州，自通州而下达天津，亦为京货南行所取道。今铁路交通，形势一变，白河改流，形势再变。西人世界，图以直隶为白河流域，或以北运河为纲，称北河流域；然通县之人，则喜用潞河之别称，然潞河非至远之源也。今京兆地方，设北运河防局，以总河防。铁路虽通，运河亦终古不废也。

潞河之源

密云县雾灵山发源之水，俗以为潞河之源，不如潮白二河，出自塞外之长，实北运河数源之一也。

沙河之支流

沙河出昌平居庸关，即温余水，亦曰榆河，东南流经南口东。又东南有一水，自西来会。又东南至县南之沙河城，有京绥车站，一水自西来会，合昌平境内之水，约四分之三。至宛平北境，海沱水自西南来会。又东南经顺义至通县，入于北运河。

北运河在通县状况

京师通惠河，通县城西北，分为二支，一支至县城西水关，南流至张家湾，与凉水河会合。凉水河受通惠河之水，原有河岔与运河通，今已淤塞；一支自县城北门外，葫芦头，经滚河坝与温榆河汇合。凉水河俗名盐河，由北京广安门外，流经南苑至半截桥入本县境，西北流至张家湾，折南经潞县、沈庄，南元化村，入武清。

北运河经武清境

上自河西务迤北，下至马家船口，长约一百二十里。河西务及南北蔡村，东西杨村为停泊之所，通航之路，上达通县，下达天津。每遇淫雨，沿河各村，受害尤烈。下游合永定河、清水河等，共五大河，由天津向大沽口入海。

北运河之王家井河

自通县南香河境安平庄，有引河，经新立屯、大白庄、青龙湾、草坝，入直隶宁河境。治河者拟于筐儿港、七里海，添辟尾闾，以资宣泄。

第二十五章　孙河

京兆地方，河流之关系饮料者，莫重于孙河，京师自来水公司所资，以为全城百万之众所共吸也。千支万派，密布于地底之伏流，机关一启，汩汩其来，飞珠走雪，如天然之泉脉，巨室既引之，厨房、浴室亦联于铜管，取之不竭，足食足用。各大街之口，亦有龙头，由附近铺户代售水筹。饮水思源，必求澄洁，以合于卫生，又须源远流长，大旱时不至于枯竭，乃可济众。盖京师苦水井甚多，孙河之水，遂如甘醴。昔日孙河屯，今名孙河镇，上源其远，旧曰孙侯河，即北运流域之沙河，因饮料所资，特加注意焉。

水经灅余水之妙用

水经灅余水出上谷居庸关，又言径龙虎台而伏，郦注言潜伏十余里。又径昌平西南旧县顿，复出月儿湾。明季上流已涸，然重源所发之灅余潭，东南径奋奄泛，西合双塔村水，即龙眼泉。又纳虎峪山东南瀑布，即幢幢水。至鹁鸽岭而隐，溢为虎眼泉。左合暖泉，又合百泉水、原泉、黄泉、响泉，又名灅河。经巩华城即沙河店，俗名北沙河。盖伏流之泉水，在上游已经几重沙沥也。

南沙河所合诸泉

源出西山鳌鱼沟，即王斗潭，合满井水、沙涧水，皆有天然之沙沥，水味特甘。

汤山泉之合流

大小汤山双泉皆温，又里许新汤池、海子水益温，径蔺沟入沙河。

清河为玉泉之别出

清河出玉泉山西，双泉山下，东径万寿山、圆明园，又东径清河营，入于沙河。盖水质不愧为天下第一泉也。

孙河屯之村镇

居民二百家，为一村镇。京师赴顺义、密云、热河要道，旧称五十里，实只三十里。志称有望京馆，有桥，古之孙侯村也。今京师孙河之间，有村名望京，相沿亦久。

温榆河

在孙河屯东里余，京师食水之澄水塔在焉。水清而浅，牵车厉涉，仅及马腹。又东数里，即交顺义界，下游入通县界，俗名富河。

第二十六章 香河

京兆地方，县以河名者有香河，非巨川也。县北五里，为萧后运粮河，旧志谓之苍头河。上通牛栏山窝头庄，因名曰窝头河，通县人或以为窝坨河，俗呼潇潇河，今图作箭杆河，像其急流也；又曰牛家务河，又曰绛河，又曰渠河，随地异名也。昔过降桥入潞河，久已改道东南入蓟运。盖此河上游，当李遂镇之东，自白河决入，由香河以下宝坻，细流改为巨川。盖百家湾之全村为沼，早受水害。经办子淀、苘淀，径宝坻城南，与鲍邱河支流合。径林亭镇、八面城，有褒针河注之。南径盛家庄，入蓟运河。

香河之正源

顺义县东北之呼奴山，南魏家村，平地涌泉，溢而西南流。有东埝头、西埝头，殆所谓窝头者，沿河东府、西府、仉家店、鲁各庄、桥头、道山庄、霍里村、南小营、西彩、薛各庄、前后营等数十村，颇受灌溉之利。至李遂镇东南，太平辛庄以下，或为白河所夺。正流经坝沟村，入通县境，河身狭小，不通舟楫，水涨时有小舟行，非运货正道。

香河上游之通县

香河自顺义属之汉水桥，经沮沟村，入通县境，经牛家甫、诸葛店，及兴各庄等村，入三河界。

香河县境之窝头河

香河正流，自通县谭台入界，经半壁店至焦庄决口，分势南下，水患最巨，盖因全境皆旱田毋庸灌溉，一决明口，则田禾皆被淹没矣。至固辛庄与鲍邱河相合，入宝坻境。

香河与三河关系

鲍邱起于三河县境神灵庄。太薄庄，及前后葛庄十余村，居鲍邱箭杆两河下游，玉桥游塞，箭杆河倒灌入鲍邱，汇两河为一，急如奔马，两河交点，沙壅如丘者，五里，水势回旋，于大薄各庄，竟成泽国矣。

宝坻之水灾

箭杆河自香河来，鲍邱河自三河来，至王补庄而合。河淤桥矮，阻碍舟行，建瓴而下，灌注者四百余村。李家口与蓟运河决口相连，为害尤巨。

第二十七章 三河

京兆地方，河流以数目著，为县名者，莫名三河。殆上合洳河、独乐河、泃河三源，而下达蓟运也。源之远者，东出黄崖关口外，贯穿平谷。西源则出自怀柔。盖泃水即古之广汉川，宋广川郡即因此得名，然泃水见于竹书纪年，得名尤古。独乐水或伏或见，断续无常，见于《水经》，盖伏流非淤塞也。洳水出怀柔丫髻山，又名石河，峦叠涧通，石峨岭焉。西曰大石门，水源伏脉其中，又名错河，合月池、古沟、马房沟之水，从三河县以入于蓟运，各河流皆总于三河焉。

泃水之航路

泃水自黄崖关迤西，入平谷境，为通行之航路，输出棉花、果品、杂粮。环流至鹿角庄，分为两道驶行船只，西通三河，又东南通宝坻，直抵天津，以泗渠庄，为停泊之处所，附近各村，多引水以灌园圃。若山水骤发，则杨各庄、太务庄、埝头、东高庄等村，皆当其冲，低洼者不免积潦。此河皆天然泥埝，水道曲折，只有漫溢之患，并无决口之虞。此河极曲，而支河、逆流河，则号九十九曲，出自泉水山也。

错河之航路

俗呼洳水为错河，或名错桥河，或名七渡河，又名黄颁水。自平谷县与沟河相会，入三河县境之青羊屯，环城之北，又东南流，入宝坻境，源远流长，宽深无滞，可通行舟楫。傍河田亩，无须灌溉。

三河之下游航路

自三河之行人庄，至辛庄东南，行至三岔口，更南行至嘴头庄，与蓟运河相合，而航运益便。

独乐河之支流

沟洳两大源而外，以独乐河为鼎列。昔日之独乐庄，今则升为独乐镇，可见河流文明之发达。

泉州渠故道

三河东北，有呼沟水为渠水者，盖汉建安时，凿渠从沟口凿入潞河，名泉州渠，石赵筑城曰临渠，即以凿沟得名。

第二十八章　蓟运河

京兆地方，运河亚于北运河者，为蓟运河。源之最远者为梨河，即汉《地理志》无终县浭水，郦道元谓之庚水，发源直隶迁安县界鹿儿岭，经遵化境合于沙河，俗呼十河。其源众多，有温泉伏流，石门镇有水门口峡，悬崖露穴，古之灅水也，今讹为梨矣。明时岁运三百六十余艘，明季淤废，清初浚之，运漕以供陵糈。入蓟县东北珠儿峪，合淋河、黑泉、黄泉、大驮泉、桃源泉、隅头泉、定福泉、龙王泉、老广泉、下庄泉、桃花山泉、神仙泉、阳泉、白马泉、花园泉、绿泉、阳泉，东径紫金洴，即辽运河故道，下合三河、香河以达宁河入海。

蓟运河之航路

自遵化平安城西经马家涯，水势渐盛，至蓟县城南蔡庄子，南行经上仓镇、卜仓镇，皆河运盛时，仓储所在，而镇市以成，今镇市虽存，仓储久竭矣。盖紫金洴昔为谒陵时打水围之地。经科科店、韩家坝、孟家楼至上仓镇，又经蔡家庄、塔儿庄、白庙庄、响水处、石家庄至后屯，即下仓镇也，又西南经抬头庄、西焦庄、寄甸庄、吴家套，又西南径嘴头庄，与三河之沟水会。

蓟县西南之航路

蓟运河既合三河、沟水各支而益盛，经蓟县西南境东南流，径桑梓庄，而又径侯家营。西有桥，又折东径秦家庄南，其水南直抵宝坻燕各庄，其北岸仍为蓟县境，又东径孟家庄限渠北来注之。一入大泛，拍岸盈堤，横流几不可遏矣。

白龙港下运粮河航路

沟河相会处，有白龙港桥，俗名运粮河，今通称蓟运河，以天津粮船溯流至蓟也。又南经蓟属赵各庄、庞家场、王家楼，又南至闸口楼庄，水南直宝坻县口头。又曲曲南流其东岸，由蓟县入玉田界小河口有螺山水、蓝泉水、小泉河水，合流注之，其西岸仍宝坻东界也。又南经岳家桥鲁沽，至长亭镇、鲍邱河、香河诸水注入之。

蓟运河合鲍邱河以下航路

蓟运既合鲍邱，又径盛家庄，还乡河自迁安来注，又南边直隶之宁河县，下游受金钟河，又南经北塘镇北河注之，受盐沟，南至于家铺，东又七里入于海。而舟楫所萃则在芦台也。蓟运河逼窄多湾，本河之水，尚虽畅流，益以潮白，易致漫溢也。

049~054

第六篇　水利

6.

水利

第二十九章　沟渠

　　京兆地方水利，莫急于沟渠，城市赖以宣泄，陇亩赖以灌溉。明邱浚言：京畿地势平衍，莫若少仿遂人之制。以河为主，为大沟广一丈以上者，达河，开小沟广四尺以上者，达大沟；又细沟广二三尺以上者，达小沟。有清营田治水，始于康熙，成于雍正。顺天府属稻田，凡十三万三千亩，中熟之岁，每亩出谷五石，为米二石五斗，凡三十万二千五百石，若逐年进行，曷可限量，惜乎道光以后，沟洫废弛。林文忠公《畿辅水利议》，徒以著述传于世。继文忠而起者，责任在我辈也。

康熙所开河渠

　　三河　直抵蓟州，北方水田，不比江南，与甘肃宁夏，山西泽洲，约略相似。

　　护城河　为城内各河沟之纲维。

　　清河　开浚后于右翼人众，甚有利益。

雍正所开河渠

　　井田　雍正二年，于固安城南七十里，铺头小营子村，试行井田，遗址沟渠尚在。

　　营田　雍正三年，怡贤亲王择蓟县、霸县，教民以浚流、潴水、节水、引水、戽水之法。

　　开河　雍正四年，怡贤亲王于高各庄，开凉水河入凤河故道，于大河头建闸。

扩充　胡良河所经，地皆膏腴，扩支渠而广之，房涿之间，皆稻乡也。

分渠　涿之高村、王家庄、茂林庄，分渠引流，改旱田为水田，凡百余顷。

引水　蓟之马伸桥庄、郑各庄、营田引大小海子泉水，泄于淋河。

会纳　蓟北山泉至白龙港，会洵河为激流河，可资灌溉。

潮水　宝坻八面城、尹家圈等处，引蓟运河潮水，仍泄于本河。潮水性温，发苗最沃，一日再至，不失晷刻，虽少雨之岁，灌溉自饶，比于浙闽潮田。

顺流　苑囿以南，淀河以北，行潦顺流，粳稻葱郁。

永定　宛平卢沟桥西北，修家庄、三里店，引永定泄之村南沙沟，不粪而沃。

督亢　涿南海龙寺，有督亢旧迹，土入于挟活河，引水蓺稻沟渠圩岸，具有条理。

泉流　房山县西南玉塘泉，涓流无多，亦引水蓺稻。

第三十章　湖泊

京兆南路，广衍多隰，众水所钟，翕之渟之，渊然而深，以卑下为壑，名之曰淀。淀之名始见于左思《魏都赋》，字亦为澱，《水经注》《新唐书》，皆云九十九淀，郦道元又称为清河，后世约其数为七十有二，其名皆不可胪举，其散见《宋辽金史》者，渐致淤废，乾隆时犹存四十余。其他或曰泊、曰洼、曰窝、曰港，随方俗所称。统言之由东西两淀，东淀周四百里，西淀周三百里，几内沽渝濡滱苴易涞巨流，及山泉涧流之细者皆归焉。盖宝坻七里海、香油淀、鲫鱼淀皆涸，以涸时之泽为田，必以溢时之田为泽，此水患所以无已时也。

水占　清初李光地巡抚直隶，请兴水田，言涿州水占之地，每亩售钱二百，尚无欲者。一成水田，每亩易银十两。当时水占之地，同于湖泊，今京东宝坻、武清被水占者，亦形如湖泊。有大力者，兴水利以祛水灾，必自经营水田始。

苇塘　凡湖泊之处必有苇塘，亦纳芦课，其间可养鱼鳖，种藕菱，放鹅鸭。经营得法，其利为亦不逊于水田，非以原田沃野，弃为潴水之区也。

洼地　如霸县煎茶铺等数村，原系湖泊涸出，是以卑湿宜稻，然年久水歉，亦改而种黍，凡水田之改旱田者类此。

白玉塘　涿县浚旧沟，起花园村，至青冈村，长八里，引白玉塘泉水南流，灌溉二十余村，稻田赖之。

西湖　在玉泉山下，一名昆明湖。自明季兴水田，堤塍蓄畜，宛似江南，今日西郊水稻环湖泽之旁，恍如洞庭秋熟也。乾隆谕淀泊利在宽深，淤地偶涸，当让之水也。

沮洳　京东列县，自民国以来，未睹水利，惟苦水害，桑麻之区，半为沮洳。诚宜守《明史》徐贞明《水利议》，上游疏渠浚沟，引之灌田，以杀水势，下流多开支河以泄横流。

七里海　积水旧地，东入蓟运，南穿曲里海，由北塘入海，宁河堵其口，遂日形淤垫。

阴流淀　蓟县之西阴流淀，及阴流河，《方舆纪要》主张，疏渠为田，以重屯政。当时未行，后世食其利。然愚民贪淤地肥润占垦，所占地日多，蓄水之地日减，而患日烈。

造湖　京兆最低下之田，当下流之冲者，应蠲其常税，潴为陂泽。治水即以治田，湖滨田亩，必受其利，仍须加浚使深者益深，而后筑堤设坝，以防漫溢，不然水无所归，而徒与水争地，则以邻为壑，不如废已淹之地造湖，移急赈以殖其民于塞外。

第三十一章　提闸

京兆之水，多源远流长，弃之则为患，用之则为利，防水患莫重于堤坊，蓄水利莫重于闸坝。有清怡贤亲王浚蓟运河之白龙港，先筑堤于下仓以南，建石桥，桥空下闸，壅水而升之，注于两岸，以资灌溉，多开沟浍，自近而远，从横贯注，用之不乏矣。近代河工，尽力于堤防，然堤高淤亦高，淤南则决北，淤北则决南，几于墙上筑墙。然疏为治本之策，一时难以图功，扫也，椿也，皆以护堤；坝也，埝也，闸也，涵洞也，亦利在蓄泄。昔清室设河督河道，下至闸官，并置河营，分泛而治，土车垒船，汉夫防险，亦各尽其职焉。

永定河防局

前清永定河道之职务，经宛涿良固永安霸八县，其重要之地如下。

石景山　原驻同知外委，南北金沟，皆有石堤。

卢沟桥　原驻巡检，北雁翅大石堤最重，石鸡嘴坝、片石堤、月牙坝亦要。

北头工　分上泛、中泛、下泛、宛平、武清，曾设管堤县丞，下游为北二工。

南岸头工　分上泛、下泛、下游南二工、三工、四工。霸州同涿州判，固安县丞等。

三角淀　原设通判，管两岸五六七八等工，永清安次，皆其泛地。

金口榍　金大定二十七年，于金口榍置扫兵室，为卢沟河置兵之始。

狼垡　石垡　黄垡　白垡　沿河筑堤，以垡为重，土车千辆，岁时修葺。

贺尧营　永清决口，康熙末之巨工也。

康熙堤　自卢沟桥至永清长二百里，桃新河百四十五里，动帑数十万两。

修堤之利害　孙文定公嘉淦，言永定河，前散流于固安、霸州之野，泥留田间，而清水归淀，间有漫淹，不为大害。自筑堤以来，始有溃淤之患，是永定仍无定也。

北运河防局

前清通永道职务，经大通香武四县，其重要之地如下。

杨村　昔设通判主簿，耍儿渡曾设县丞，旧河建有减水石坝。

通惠河　大通桥、平下闸、庆丰闸，昔归漕运通判管理，今久废，设有闸官。

潮县马头　原驻州判。

河西务　城东旧河，形对新河，开有直河一道。

055~060

第七篇　地质

7.

地质

第三十二章　地层由水成者

京兆地质，罕见太古界之片麻岩，惟元古界之南口系，实续起于五台系之后。其岩石分为二层，下为石英岩，由砂岩变质而成，质坚色白，间以粘板岩，染铁质而呈红色，南西东北，龙关有鲕状赤铁矿甚富，蓟县亦于此系岩石。宛平斋堂以北，柏峪有黑色页岩，在含砂质石灰岩之上，而居寒武系地层之下，刘家峪亦然，皆元古界煤层代表，寒武纪总厚五百至七百米突，奥陶纪总厚六百至八百米突。至石炭纪层岩，则西山杨屯、戒台、潭柘，房山周口北，均直覆于奥陶纪石灰岩上，属二叠纪，斋堂则侏罗纪也。

南口系之尽处

山西大同以北，则寒武纪地层，直覆于片麻岩之上，南口系不可复睹。

南口系之名称

威烈氏之滹沱系，昔希霍芬氏横越南口，实先见之，故应定名曰南口。

南口系之实验

南口至八达岭之间最完备，西人注意考察，国人不可忽也。

南口以前之五台系

威烈士发现直隶、山西元古界地层，以五台与滹沱两大系并列。今有片麻岩含石棉之大理石，以及含绿泥、石滑石或阳起石之各种结晶片。大抵威氏在五台所见最多，故取以为名。

南口系最远处

威氏于山西东部所见，分为窦村板岩，及东峪石灰岩二层，尚与南口相去不远。

居庸前后之岩石

自南口镇起，先见石英岩、板岩、片麻岩，次为砂质灰岩，大段正当居庸关，杂以长英岩，次为安山岩，上覆以花岗斑岩、烟长英岩，又次为大理岩，最北为花岗斑岩，直达八达岭，有云母岩，辉绿岩，点缀其间，不专为水成岩，而层向亦错乱也。

盘山附近地质

含砂石灰岩之上。亦有黑色页岩及劣质煤层。

第三十三章　岩石由火成者

京兆盘山及居庸关以北火成岩中花岗岩，铁镁矿物，以黑云母为主，惟时多时少，颇不平均。居庸关一带，长石结晶，往往甚大，故成斑状花岗岩，又有长英岩，亦为花岗岩变态之一。以石英正长石为主要矿物。而石英每多于长石，亦往往成脉，南口蓟县屡见之，其结晶甚细者，成一种淡色。青龙桥　带，黑云母呈薄片状，大小不一，显微镜下，惟见棕绿色针状，或片状云母，纵横交错于正长石石基中。盖当花岗岩，次第结晶，其剩余岩汁中，基性物质与酸性物质渐分离，云母岩实岩汁分离之确证也。

房山东房口之花岗岩

铁镁矿物角闪石，较黑云母为多，然全体仍黑云母为胜。

斋堂北龙把沟闪长岩

纯为斜长石及角闪石所成。河南卢氏冷水村，山西垣曲松树河，与此同。

盘山卢家峪之安山岩

安山岩以角闪石为主要。卢家峪有此岩脉，侵入花岗岩，其斑晶为角闪石，及斜长石，石基为细粒斜长石，及少量铁镁矿物。

西山中生代岩层辉绿岩

西山中生代岩层，时有黑灰色或灰丝色之火成岩，变质甚深，原生矿物之性质，半已消灭，隐约变其为辉绿岩。

盘山居庸关元古界之侵入

花岗岩侵入南口系含砂长灰岩，以接触变性而成大理岩，其侵入其元古界也，如云母岩、长英岩、安山岩、辉绿岩，在居庸关一带，侵入南口系水成岩地层中，或横截为脉，或平叠为层，繁赜不可名状。

房山杨房中生界之侵入

房山花岗岩，南口杨房花岗岩，侵入中生界，水成地层中，偶有一二伟晶花岗岩脉，杨房至温泉寺间之花岗岩，与侏罗纪相接，变质甚著，其余类于此者，为京西虎头山、香山、门头沟、南山、王平村诸处，所见皆是。盖侏罗纪以后，确有火山破裂之象也。

第三十四章　煤田

京兆煤田，宛平为盛，距京西五十里，为门头沟煤田，其地质则有寒武、奥陶、维亚记之石灰岩。石灰纪之煤系，二叠三叠纪之红砂岩。侏罗纪之煤系，及上部侏罗纪之紫绿岩，时有辉绿岩侵入其间。门头沟煤系，悉属侏罗纪。斋堂煤层，综计面积一百余方里。煤层与震旦纪地层之关系，因为斑岩所掩，不能详察，惟煤层中植物化石，大率属于侏罗纪。香峪煤田，亦属于侏罗纪。若周口店、王平村、杨家屯，诸地皆属于石炭、二叠纪。二纪煤田，皆有标准化石得以确定。然西山煤田，有石炭纪，无石炭岩也。

京西二叠纪石英砂岩

实二叠纪、三叠纪时代之最显著者，开平磁县、山东峰县皆相似。

京西侏罗纪植物化石

古生界地层最重要者，不徒煤量甚丰，分布广远，而且植物化石，亦可确定地层时代。香峪王平村所得最多，门头沟斋堂，处处皆有，与山东潍县坊子煤田相似。

京西侏罗纪煤层上之岩石

西山煤层之上有紫色页岩，及绿色砂岩，相间成层，厚约在二百至三百米突①之间。西山一带特别变质殊烈，故岩质坚密，自斋堂以西至蔚县广灵，则岩质松弱，紫色者变为红色，则京兆与直隶天然之界也。

京西石炭纪与奥陶纪

二纪直接整叠如房山、周口店、万佛堂、潭柘寺，其褶皱原因，或以密迩火成岩耳。

西山石炭层数量之比较

宛平房山间　煤层不过百米突，过京师以北愈薄，塞北几不复睹。

直隶磁县间　一百六十米突，最多如开平，亦不过三百六十米突。

――――――――
①米突，米的旧称。整理者注。

山东博山间　二百数十米突，山西系亦与山东等。

四川巫山间　石灰岩厚千数百米突，江西乐平煤系，亦厚四百米突。

周口店附近煤田石

红柱石　含煤页岩之近花岗岩者，多受接触影响而生红柱石。

植物化石　羊齿类、轮木类、印木类、鳞木类，最异者，为沙谷棕叶化石。

061~066

第八篇　地势

8.

地势

第三十五章 原野

京兆西北多山，京东京南，皆为冲积平原。武清宝坻，尤为低地。自京南行，不见一山，莽莽中原，以京兆为首善，犹振衣而提其领也。永定河、北运河，每决口一次，则地面平原被水者，必加高一次，野老数十年，已见其加高之数，已逾数尺至一丈者。则每次风雨，高山深处，草本之叶，鸟兽之粪，随飞瀑流泉而下者，必沉淀于河底，及河滨淤地，为天然之施肥。永定流域八县，北运流域四县，皆在原野之中，是京兆地方，原野占大多数，因平原而为田圃，度地居民之上腴也。

大兴平原　在县南，凤河流域多胶泥地。孙河流域多沙地，孙河平原，南岸高亢，北岸卑湿，秋涨亦易漫溢。

宛平沙原　在县南，沙地多不适于农业。

良乡平原　北部平坦，南部多沙土，幸黄沙中间有黑土。

涿县平原　南北皆平坦膏腴地，东西兼有沙土。

通县平原　运河、箭杆河两旁多沙土，永乐店以下有碱地，惟西南粘土宜稼。

三河平原　县南平坦，沿鲍邱河一带多沙地。

蓟县平原　县南有黄土地、黑土地，而黄土较优。

宝坻低原　宝坻被水患五六年，四百余村，悉成泽国，然近城地方，仍为高壤，东南高亢之地，有掘井而不得泉者。

武清低原　全境无丘陵，黄花店为粘土地，性腴而干燥。崔黄镇梅厂黑土地，性温而多碱，西北壤土宜农，其他沙地较为瘠确。

安次低原　沙泥交错，北部多沙，中部近河，南部多粘土。

永清低原　沿永定河多沙碱。

固安低原　浑河、清河交灌，平原中或积沙为丘。

霸县低原　沿清水河，及中亭河处，大膏腴。

顺义平原　土质松，含沙性。东北鸡粪土，略呈粘性。李遂镇松沙无底，河南村折溜撞刷，旋堵旋决，竟奔入箭杆河。

第三十六章　险要

京兆之险要，在西北皆重冈叠嶂，天造地设。明初徐达筑边墙，俗谓之万里长城，东自蓟县之马兰峪栏马墙入境，经黄崖口关，至峨眉山砦接密云界，经黄门口关、墙子岭关、小黄崖关、大黄崖关、峰台峪、司马台、砖垛子关，至古北口。唐庄宗取幽州，辽太祖取山南，金灭辽、败宋，元文宗之立屯，明谙达之犯顺，皆用兵于此。又西经蚕房峪白马关，至大水峪接怀柔界，经开连口至慕田峪接昌平界，经旧县龙虎台，至居庸关南口、上关、弹琴峡，连于八达岭，元人谓之北口，又西至岔道接延庆州界，今为内地，非要害也。

黄崖口关　在蓟北四十里，北有寻思谷，柞儿谷，俗呼万塔黄崖山。岭上一塔黄金色，相传金为之，余塔不可悉数，元避暑故道。

墙子岭　在密云东七十五里，城周一里三百一步四尺，三门，明置参将提调各一人守之。有水关，东流至石匣，南入于潮河。崇祯十一年失守，总督侍郎吴阿衡死焉，盖清兵由此入也。

恶峪　雾灵山距边四十里，《水经注》孟广硼山，其下为广硼水，自黑谷关入，其山高峻，有云雾，四时不绝，上多奇花，又名万花台山，松柏拱列，内地之民，多取材焉。盖据山以守甚易，循山南守之甚难。

汉儿岭　一作汗儿岭，或曰北人轻视南人为汉儿，殊不然汉为吾民普通称呼，如好汉、大汉、老汉、男子汉，若蒙古之汗，则与帝号相等，唐太宗为天可汗，元太祖为成吉思汗，足见塞外人依汉如天，汉人万不可失蒙人之心也。

丫髻山　丫读若鸦，沙岭、砖垛子关、龙王峪、师坡峪，均为古北口附近之要隘，与口西第一砦至第六砦络绎相连。

铁门岭　在潮河川台下。明时伐大树倒植川中，以限戎马，门扃不开，总督大臣抚赏莅焉，抚夷受赏于关下，军士列两山上，伐鼓吹角以震詟之，因山为城，其衔处建空心敌台，每一二里一墩，传烽官遇警则举烽，为戚继光之遗划。

白马关　正关河口通运骑，极冲要，东有响水峪，仅通步行，西有划车岭，通单骑。

东西石城　相距二里，山中伐石筑城，极易而耐久。太平日久，边关久无守兵，惟险隘则因妨碍交通，次第开凿矣。

第三十七章　风景

京兆之风景，已见诸名山大川。旧日各县描摹八景，勉强题咏，无裨实用，风景不殊，举目有河山之异，文人墨客所威者，或别有怀抱，至于园林点缀，则当别录，非天然风景也。每当炎暑时，朝贵恒轻车减从，西游潭柘，欧美游历之员，亦于此携远镜，眺览风景摄之照相器。至于岩穴之奇，每在缒幽凿险之中，而仙人洞、观音岩之类，僧道遂神异其说，骚人或形诸歌咏，世变日亟，求泉石耽吟者，亦不易得，大有空山不见人之叹，徒见幽兰自芳也。

潭柘寺　潭柘连拥三峰，旁有二潭，上有古柘因名，实则以一培塿，当群峰之中心。所谓老柘、美竹、乌有矣。两殿鸱工绝，则金元故物也，龙潭已甃为池。

大寒岭　即大汉岭，高松如盖，垂天际，石涧淙淙有声，十五折而下，俯视千军台，四山空翠欲滴。板桥村庄，多以石板覆屋。

百花山　高八千尺，所产药物，不止百种，宛平县知事亲采标本甚多，西人亦往焉。

佛崖飞瀑　距斋堂廿里，七八两区要道，悬流五叠，为京西第一瀑布，仿佛庐山。

白猿洞　盘山莲花峰，悬空石迤上，势最险，壁凿石坎二，容足拇，未及踵，必布索牵挽，乃可上达。刻有"天门开"三字，径五尺。相传昔在白猿居此，今久绝，岂猿进化而为人类欤？又有桃园华严朝场，文殊石龛石两诸洞，大抵有猿穴遗迹。

盘山　魏田畴隐此，旧名田盘山，一名盘龙山，高二千仞。

十峰　挂月　自来　紫盖　双峰　九华　嶕峣　翠屏　锥峰　獬豸碎玉

九岩　上白　中白　下白　龙岩　喘气　斧凿　碎玉　飞翠　龙首

八岭　大岭　砂岭　长岭　鹰儿　欢喜　浮青　盘岭　金鸡

八峪　里塔　砐䃬　青杨　田家　白峪　卢家　松树　怪子

空同山　蓟北五里。《尔雅》北载斗极为空桐，空桐之人武，明言北方，相传为黄帝问道之所。《黄帝本纪》西至崆峒，或者崆峒与空桐为二山。今山名多重载者，如京兆地有泰山，同于山东；鞋山，同于江西也。

石城山　三河县北四十里。原名兔耳山。因山巅有石城，通称今名且乡俗讳言兔也。石城为古人避兵保聚之地。今为后人凭吊也。

067~076

第九篇　建置

9.

建置

第三十八章　城垣

京兆尹治京师，内城之东北隅，而守城之责，昔年在五城御史而不在顺天府，今则属警察厅管理各城门，另详《京师地理志》。大兴宛平二县，并为附郭京县。各县惟霸县城，相传为燕昭王所筑，宋将杨延朗修葺以控辽。密云新旧城，两端相连，夹道界之。涿县通县，雉堞尚完。其他各县规制稍逊，潮县久废，故城尚在。古北口城、石匣城，沙河之巩华城，皆为边城之保障。至于卢沟桥拱极城、张家湾城，皆因神京左右之要冲，保固郊圻，有深意焉。今机关炮、飞艇日新，城垣几不足恃，然稽查宵小，犹有用也。

涿县　周九里，东北缺，西南突出，土人因名卧牛。门四，水门一，铸铁为柱，以杜出入。

良乡　周六里三分，东迎曦，西宝成，南就日，北拱辰，因磁家务汉水涸，引茨尾为濠。

房山　金大定建，旧是土城，明隆庆始甃以石，东朝曦，南迎恩，西仰止，北拱极。

通县　周九里，门四，东通运，西朝天，南迎薰，北凝翠，新城西门曰神京左辅。

三河　方四里，门四，东就日，南来薰，西瞻云，北承恩。旧城在沟南，被水冲废。

宝坻　城名拱都，东海滨门观澜楼，西望都门拱恩楼，南广川门，北渠阳门，皆有楼。

蓟县　周九里，北倚山无门，东威远，西拱极，南平津，各有楼。

香河　周八百七十六丈，东淑阳，南永明，西迎恩，北拱极。乾隆时改永明为永清。

武清　旧城在丘家庄，因水患迁帅府镇，即今治，北无门，建北极台，只东西南三门。

安次　周七里，有镇东、安西、平南、拱北四门。改称东升、西爽、南明、北拱，水患屡圮。

永清　周五里，有四门，上建弩台八座，明万历修护城堤，同治重修加高，遍植柳木。

固安　周五里余，东西三百八十步，南北七百步，东宁远，西丰乐，南迎薰，北拱极。

霸县　周六里，城门三，东临津，南文明，北瞻极，向无西门，避西来之水也。

平谷　永乐迁塞北营州中屯于此，置土城，东挹盘，西拱辰，南迎洵，北威远。

顺义　纵横四里，南昂北俯，滨河如龟背，四门，东平秩，西晴岚，北叠翠，南迎恩。

密云　旧城周九里，东西南三门；新城周六里余，亦东西南三门，巍然为京北雄镇。

怀柔　周四里，有东西南三门，西小门最小，以便汲水，名曰涌泉，康熙地震重修。

昌平　故永安城，由白浮图城徙治，明设陵卫，有东西南三门，及南小门。

第三十九章　道路

京兆各县多黄土，属风成层，故纹理不完，质疏而软，车马所经，皆成隧道。今已建筑国道，收车捐为养路之费。东出朝阳门，有博爱路直达通县，昔日运粮石路，今以石条分列两旁，为人行便道，中筑马路，便于汽车、马车、人力量之驰骤，重载大车则限以旁道。西出阜成门，有德惠路、仁慈路，贯八里庄至四平台，为西山之麓，必改乘轿，或骑驴以便游山，黄山有马路通香山、玉泉山，已与万寿山、西直门相联络，汽车如织，今延长万寿山之路至汤山矣。二十县通京师之国路，所以示各省之模范，当次第进行也。

御路

有清盛时，于遵化东陵，易州西陵，通京师之大道，定为御路。甬道高于平地，广于通衢，两旁开有水沟，发国帑修葺。辇道所经，则以黄土布地，两旁为文武官员跪送跪迎之地。清运衰，不时巡，颓废失修，两旁农民侵垦，久则大道无异曲径。人民但服专制，不讲公德，道路既狭，行旅之恃众者，或践及田禾也。

大路

各县交通，大车来往，或数轨并驰，行旅既多，农人不能侵垦，或地方发达，小路变成大路，两旁地主，亦无力争执也。大车重载，最易毁路，是以马路禁其往来。

山路

京兆西北，山路崎岖，但有驮载，无异蜀道。

宛平　门头沟以西，乘山轿者曰扒山虎。

房山　它里以西，高线铁路通至后山，而大山深处，惟樵夫识途。

昌平　重开四塞，大山盘纡，明陵有前御路，今芜塞不平。

密云　赴热河大道，乘骡轿，不乘车，因石道不容轮辐，颠簸不安。

洼路

京兆西北，山水多处，乃京南平原之低处。

顺义　牛栏山半壁店等路，平路无阻，但年久成深沟形，雨期便成小河。

香河　赴天津、通县、宝坻、古北口四路，皆多坑洼，而且狭窄，向无修治之法。

武清　杨村一带，夏令水阻，虽铁路亦不免恐惧。

安次　城西南渠沟礼让店，赴直隶新城之路，地势低洼，雨后难行。

霸县　自宛平榆垡经安次，柳泉、牛陀二镇，道上水沟，时经间阻。

军路

庚子之役联军深入，所修军用马路，犹有存者，如霸县东，至煎茶铺马路整饬，道旁种柳成围，为赴天津大路。今之由坦途者，或久忘国耻也。

第四十章　桥梁

京兆地方，桥梁之最巨者，莫若卢沟，初造浮梁，金大定始易以石，今则另设铁桥。其次则为琉璃河桥，今亦通铁路，建铁桥。其他各铁路所造之桥甚多，不当铁路者，仍为要道。各县城之城门，昔年在吊桥，今已多易为石桥。各桥之大者，多有碑记，若马驹桥且有乾隆御制碑。其他当御路之中，近发帑造桥，由工部查验，是以大道上各石桥，或比各省整齐。至于民间财力绵薄者，或建木桥，或建浮桥。不当大道者，或不免以车为渡，夏令水涨，欲济无舟。至于河道改流，有古时大桥，废而无用，久而无考者，亦录其要焉。

大通桥　京师东便门外，跨通惠河，亦名大通，因以名桥。

草桥　京师右安门外，众水所归，距丰台十里。

五空桥　跨凉水河上。

神虎桥　有石虎四，万历时一虎夜逸，遂名三虎桥。

十里铺桥　乾嘉时，孙嘉淦督建，在固安县南。

南源桥　永清城南，明弘治中建，久圮。

飞虹桥　汉武帝元狩二年建，刘琨尝饮于此，东安旧志，未能实指其地。

百家湾桥　安澜桥　双惠桥　青龙桥　在香河县，跨窝头河上。

永通桥　通县城西八里，俗呼八里庄桥。

南董桥　在通县东关外，俗呼哈叭桥。

白河浮桥　通县城北，有船九，桥夫二十二。

马驹桥　一名弘仁桥，乾隆重修，为孔七，浚河八千余丈，设九闸，垦稻田数千顷。

善人桥　张家湾城南，明万历间张易所修。

错桥　三河县东五里，跨七渡河。

洵河石桥　三河城南百步，长三十步，明张明张锐兄弟造之。

桐林桥　武清东北十五里，一名扶头桥，水北为扶桥村，水南为桐林村。

梅厂桥　武清梅厂镇，自治有法，桥梁修缮最巩固。

古北口石桥　正当关道。

白河涧石桥　跨黑龙潭水上。

东大桥　怀柔东北，凡二十孔，跨白河。

永济桥　涿县北巨工，乾隆时，因河流北徙改修，涵洞十八，长二百丈有奇。

通济桥　霸县鱼厂村人雍正时叠木，乾隆初，购石成之。

第四十一章　园亭

京兆各县，有公园者，自通县潞河公园为始，就东路同知署，汤知事建礼堂，容八百人，常有名人讲演。昔辽人建避暑殿于密云西南十五里之黍谷山，规模早备，几经国变，片瓦无存。虽怀柔僻县，山水殊胜，板桥东南，一望诸烟村火，仿佛江乡。范阳之陂，在涿县，引水灌田，观张桓侯洗马处，令人凭吊英雄；涿县，楼桑村北三里，有郦亭，为郦道元故居，《水经注》巨马水又东，郦亭沟注之。所谓先贤乡也。今游于涿者，考先贤乡、郦亭，不可得而见焉。游民重英雄，不重先贤，中国是以治日常少，乱日常多也。

静宜园　宛平城西三十里，西山苍苍，上干云霄，中有道场曰香山，亦名小清凉，有乳峰石，嘘云雾，类匡卢香炉峰，故名。

清漪园　今名颐和园，在万寿山下，原名金山，亦呼为瓮山。昔《帝京景物略》所谓土赤渍而无草木者，经光绪季年，海军经费之修缮，遂为郊坰第一名园，富丽冠于亚洲。

静明园　玉泉山为金章宗避暑故址。有二石洞，一在山西南，其深莫测；一在山之阳，石刻玉泉。有退谷，中藏退翁亭于烟霞窟。

看花台　金章宗建，在玉泉山隆教寺西长岭之半。又有望湖亭，俯瞰西湖，明如半月。飞泉亭在五华山西北，有泉自山半涌出，南流丈许而伏，盖玉泉上源。

雀台　固安西南十八里，为李牧将台。

督亢亭　固安西南及涿县界，雍正二年，御史顾如华，试行井田处。

雁月楼　永清县信安镇，昔在文丞相馆，词曰：南来无数雁，和明月，宿芦花。

柳林行宫　通县南，潞县西，元人游牧地，建行宫，今废，附近有枣林庄。

呼鹰台　亦名晾鹰台，高数丈，周一顷，元时游猎多驻此，在通县南。

慕容将台　通县入京道上。

桑园　宝坻褚家庄，在县西十五里。明知县张元桐创之，唐铼重筑垣墙，植桑课蚕。

栖云啸台　金章宗建，在昌平西廿五里，高二丈，北有石梯可上。石釜、石床，今亡。

李陵台　在昌平境，有孤竹故城，台下有温泉。

初月亭　密云圣水头村，圣水泉上，明戚继光建，亦名友月亭。

第四十二章　古迹

京兆古迹，可激发燕人之志气者，如乐毅传，齐器设于宁台，大吕设于元英，故鼎反于磨室，今宁台，及元英宫、磨室宫故址，在宛平北、辛安、已上村、永定河东，欲报国耻者，毋忘可也。武清县西南，有战国时燕人所筑长城，延袤数百里，惟青蛇村西南，小留痕迹，余皆荒废无考。宝坻东南十里，有秦城，始皇并燕时，筑城置戍，唐太宗征高丽，亦尝驻跸，惟有蔓草荒烟，令后人惘怅。舜流共工于幽州，在今密云北之安乐庄，故老口碑，或足以补经注史传之阙。渔阳在密云南，北平在蓟县东，转失考而就湮灭焉，是可慨已。

汉征北小城　后汉公孙瓒筑，晋征北将军治，此刘琨投匹碑屯此，在大兴境，今堙。

隋临朔宫　炀帝至涿郡临朔宫，一统志在大兴界。

玉河废县　五代刘仁荼置，辽因之，在宛平西四十里，今名古城村，或以为广平县。

隆乡废县　宛平西南二十五里，三岔口东北，俗名笼火城。

广阳故城　良乡县东北八里，汉县。后汉为侯邑，耿弇追贼于小广阳即此。

临乡故县　固安县南五十里，赵孝成王以临乐与燕即此。

方城故县　固安县西南，十五里，今名方城村。汉废县，魏侯国，隋移固安治此。

阳乡故城　即长乡故城，在固安县北，永定河南岸，后魏曰箕乡。

信安故城　水清霸县分辖，唐之淤口关，宋之破虏军，金之信安县，镇安府。

常道乡城　安次县西北四十里，旧州镇。黄帝时安墟即此，东南灰城，即石梁城。

狼城　安次南四十里，宋信安军狼城寨，有里外二城，今为里安澜城，外安澜城。

安次旧县　在今安次县西北，光武初，追破尤来大枪诸贼于安次，即此。

路县故城　通县东八里，《后汉·郡国志》作潞，汉光武遣吴汉耿弇破铜马于潞东。

安乐故城　在顺义境内，后汉吴汉拜安乐令，俗传为宋邵康节故里，时地已入辽。

临渠故城　石赵所置，唐蓟州有临渠府，府兵所居。

雍奴故城　东汉县光武封寇恂为侯邑，旧城在今丘家庄，距城八里。

燕平故城　五代唐同光二年改称，今昌平县谓之旧县村，在县西八里。

犀奚故县　密云东北，汉县，曾为密云郡治，《汉志》本作虒奚，白檀故城近此。

077~082

第十篇　气候

10.

气候

第四十三章　风向

　　京兆气候，为大陆性，土脉皆含沙性，微风飏之即起，且沙土易散日热。北方山脉，无大森林，蒙古朔漠之冷空气，易于吹入，故北风极寒。距海虽近，而海风不能调剂者，因东南之海风，为辽东山东之间山脉所阻，不易吹入，故寒暑燥湿，多半剧烈。顺义怀柔间，北面倚山，望之时有云气往来，居民审知南风起时，往往尘沙蔽天，夏秋之交，每遇西风或西北风，常致阴雨，此殆山气所酝酿。然与风雨之定则不合，当为地文学专家，增一研究之材料也。

京兆风向之关系

　　风尘　京兆道路，大风扬尘，扑人眉宇，往往杂以骡马粪屑，国道汽车，飏尘亦高。

　　风涛　运河、清河，通舟之处，皆视风之顺逆为迟速，永定秋泛，风涛声尤为壮激。

　　风烟　居工厂旁者，在铁车旁火车之下风者，烟熏口鼻，始知欧美炭气碍卫生。

　　风气　藤荫下，葡萄架下，古树下，虽农夫力作而后，清风徐来，如天上神仙。

京兆每月之风向

　　一月　正北　昔年腊月，北赴京者，恒以顶风为苦，车马亦缓行。

　　二月　东北　风力微。

三月　东北　儿童利用以放风筝。

四月　正东　来自海上，含水蒸气，或与雨俱。

五月　东南　方向或不定，即变为飓风。

六月　东南　烈风期内，恒有拔木毁伤棚架者。

七月　正南　南风自热带，经中原，而热渐减，故可以解愠。

八月　西南　天末凉风，入夜辄至。

九月　正西　太行阻遏，西山叠嶂为敝，金风不厉。

十月　西北　木叶渐脱。

十一月　西北　风力渐劲。

十二月　正北　八达居庸，重关为儿，山阿气暖，不及塞外朔风之严肃。

第四十四章　雨雪量

京兆乡民，俗谓淫雨为酒色天。盖西北童山，缺乏森林，每届夏雨时行，则沟浍皆盈，滔滔并下，溢于平地。坏京师一带，元郭守敬，所测沟渠，多已填平，雨大雪融，皆无所容。近年京东，通县西集镇迤北，谭台村、八百村一带，大雨雹，巨如碗，不但青苗被伤，即房屋人畜，亦受损害。且每年夏日多隔辙雨，忽有孤云远来，附近数村，农田沾足；十里以下，不见片云者，小民亦怨咨天道不公也。各县公署，凡得雨得雪必报，重农之政也，惜测雨量之器，及一切测候之器，多未备也。

京兆各地雨雪关系

阴雨　春阴在春暖之后，复寒雨再至。

暴雨　夏日极多，不终朝而晴霁，山水涨沟渠，城市沟洝皆盈，可灌入院宇。

久雨　夏秋久雨，每致河决，河工人员，分段防护，农家土墙，尤易倾圮。

寒雨　秋深乍寒，或有碍于农人之收获。

霜雪　霜迟则岁丰，暖期长也；雪大则岁丰，储深山之水源也。

京兆各月之雨雪量

一月　雪量渐稀，比全年约百分之二。

二月　雨水时，往往仍见飞雪，比全年约百分之一而强，晴日最多。

三月　春雨渐多，比全年约二十五分之一。

四月　谷雨时多雨，则谷苗勃发，比全年约三十分之一。

五月　夏雨初期，比全年约二十分之一。

六月　雨泽渐多，一月所得之雨，足抵全年十分之一，恒倍于上月。

七月　大雨时行，一月所得之雨足抵全年三分之一，为最多数。

八月　大雨渐少，一月所得之雨，足抵全年六分之一，为次多数。

九月　白露重时，濛濛如细雨，比全年不及十分之一。

十月　寒露霜降，应候而至，晴日颇多，雨量占全年二十四分之一。

十一月　小雪以前，先有小雪，一月雪量，足抵全年二十分之一。

十二月　大雪时恒有大雪，一月雪量之水，足抵全年六分之一。

第四十五章　温度

京兆地方，通用测温度之器，惟华氏摄氏寒暑表。凡西北山高之处，温度恒比平原为低。现在各山高度及温度之差，尚未密测。惟光绪二十六年四月妙高峰大雪，冻毙朝山者数十人，一时迷信之风稍减。京北顺义等县，地势高寒，冬日必燻炕以取暖。自怀柔以北，密云之东北，昌平之西北，大抵纬度在京北，所差尚微，而地面拔出海面之高度有三千尺以上者，古人黍谷回温，视种黍已不易。然京北之寒，尚减于塞北；京南之热，亦远不及江南岭南，天为之也。京东和暖居民多，京西高寒居民少，地为之也。

京兆四时之气候变迁

春暖　运河解冻，多在春分前后，农圃及时力作，一年之计在此。

夏热　热度不高，旧日家塾，皆无暑假。今大学专门生，不上课堂，游荡戏园，可叹。

秋凉　正好读书，秋季始业，学童负帙入学，大学专门员生，迟一两月不到，可痛。

冬寒　冰窖藏冰，亦城市居民之利。冬日可爱，志士惜日短。

昼夜　温度之差，有差之二十度者，日中正午，饮冰挥扇，夜间或用棉被。

京兆各月之平均温度

一月　71　小寒大寒时节，京兆乡民，仍视为残冬，绅富着大毛狐裘。

二月　67　平民多着不挂面老羊皮袍，立春后犹有着者。

三月　64　城市绅富犹着灰鼠裘。

四月　65　清明气候，最宜于人，郊游者众，京北桃花谷，亦绚烂如锦。

五月　71　密云黍谷，今名荆梨庄，有邹衍庙，相传吹律以温地气，立夏后始种黍。

六月　76　人民造酱趁入霉之气候，发生有益之菌类。暑刻最长。

七月　52　人民多用竹床露宿。

八月　75　早晚必着单衣。

九月　71　中年以上多着夹衣。

十月　71　早晚或加薄棉衣，百谷百果皆成，以贺国庆。

十一月　69　初冬乍寒，或不久而复暖，是以谓之小阳。

十二月　72　莳花蔬菜多用温室、温床培护，室内或设煤炉。猎者入山捕雉兔。①

①文中各月之温度数字疑有误，现照原书列上。整理者注。

083~088

第十一篇　物产

11.

物产

第四十六章　矿物

京兆地方矿产，惟宛平房山二县，均设矿税分局，均以煤矿收入为大宗，而石灰窑次之，皆矿物之最粗重者。出自京西，若贵重之金类，京北密云、昌平，所在多有，或昔人开采，早已枯竭；今昌平以北，片麻岩及变质水成岩之上，亦产金砂，然工作劳，而所获甚微，是以资本家不敢试办，劳动者亦因利微不顾，不能如煤矿出产，车载斗量，俯拾即是也。国人习炼矿者少，银炉铁冶，下逮提碱熬硝，多泥守旧法，而不求进步，岂独京兆矿业之不振？亦全国学者，不求实之罪也。

金　密云城东北八里冶山，上有塔，有石洞深邃，水四时不竭。东有草洞，昔人淘金址尚存，见《昌平山水记》。又有金洞、金沟水、金沟淀。今所采者昌平为分水岭。

银　密云城南十五里，有银冶山，旧出银矿。至元十一年，王庭璧于奉先洞采之。又蓟县丰山银矿，昔经关世显开采。

铜　密云城东五十里，有青铜山，《昌平志》有自然铜，见《药属》。或谓琉璃河附近有铜矿。

铁　密云铁矿山一名锥山，元至正十三年立四治，《后汉书》渔阳泉州有铁，设有铁官，其来古矣。

煤　宛平煤盘，在石灰石炭状泥页岩之下，厚三十五尺，海拔自二千尺至四千尺，房山之琉璃煤层，实一脉相连。

硝　汤山细民，刮土煎炼而成，能消化诸物。地硝可代焰，又有盐硝、朴硝。

石灰　昌平房山皆产之，房山运道尤便。

碱　附郭积潦淤地，多含碱性，浮地面如白沙，密云南苑等处，居民设锅制碱者多。

石墨　宛平斋堂产，一名黛石，金时宫人用以画眉，其石烧锅铫盘，百年不坏。

石棉　昌平第八区禾子涧，性极莹洁，可用手捻之成线，一名不灰木。可造火浣布，轮船火车气筒用之，以隔火气，用为灯罩，光倍于电。

燕石　盘山白石似玉，卢家峪一带多有，昌平诸陵石，取之顺义者号汉白玉。

五色土　甘子土出房山，红土出宛平，白土、包金土出昌平，紫石出房山。

第四十七章　植物

京兆地方之植物，天然种类最蕃者，当在西山、盘山之深处。樵夫能入山采药，捆载于药材行，而分散于各药肆，切之剥之，摘之炙之，已非原状，文人看医书用古方者，试取山中野生药物，根茎叶俱全者，或不辨其名焉，此中国旧学之衰也。文人博洽，姑不足言，若博物专科毕业生，对于野生植物，亦往往不知其名及其用，此中国新学之陋也。京兆荒莱久辟，犹有榛芜，蔽芾甘棠，仍留嘉果，都人评花品菊，谱录颇详，长安数米，于谷类之比较，殆有衣纨绮而不辨菽麦者，菽类麦类多种，惟老农知之。

京兆植物之特产

榛　昌平、北平、黄花镇诸处最良，《诗》言山有榛，东三省未开荒处多有，南方极少。

甘棠　南方曰棠梨，固安曰杜梨，怀柔曰倒挂果，通称沙果。

烟累　昌平山葡萄，《诗》言六月食薁即此，粒小味酸可作酒。

芯题草　即莎草，可为蓑，其根即香附，房山白蒂山最盛，宛平安次亦有之。

长绒花　平谷棉，绒特长，今与美棉比较，而美棉又长五倍，宜改良也。

唐棣　蓟县产之，名曰郁李，诗六月食郁即此。

羌桃　出昌平，自塞外移植，故曰胡桃，俗称核桃。

枣　大兴县属郎家园最著。

柿　产密云怀柔，涩者，可制柿饼。

京兆植物之品题

有古人名种传于今者，亦有塞外海外传于中国者。

牡丹之名种

魏紫　十样锦　黄金台　墨绣毬　萼绿华（绿色）

姚黄　一品红　白玉毬　粉八仙　醉杨妃（粉红色）

葡萄之名种

黄金铃　百颗珠　哈密红　上谷香　青龙眼

紫玉毬（最沙美）　长生枣　大连珠　醐醍白　小菩提

米之名种

胜芳　仰光　江南早　上海白　巢湖糙

香稻　西贡　洞庭秋　老仓红　东洋糇

第四十八章　动物

京兆地方，民居稠密，家畜日蕃，野物日减。民家藉鸡鸣、猫眼以定时，役牛马驴骡以资其力，屠猪羊而以为嘉馔，网鱼鳖而以为珍味，虽虎豹之猛，或猎之而寝其皮。人民喜持鸟笼，白翎、画眉皆为玩物；山居者时有乌鸢松鸡往来，水居者时鸬鹚鸥鹭为侣，市居亦有鸦鹊燕雀相依，不害人之动物，人亦耦俱无猜，为万物之主宰。蛟水龙挂，或见诸旧志，大抵蛇类蜥蜴之大者，龙种久灭，龙旗亦敚。论动物当举其实用，养蚕养蜂，并可获利。南苑四不像，牛头、驴蹄、鹿身、羊尾，开荒后与黄羊并绝，进化与灭种殆一事也。

京兆之虫类

蚕　宛平、安次、昌平，有大小白乌斑各种。唐范阳贡绫锦，宋幽州产绢，其来久矣。

蜂　香河、蓟县，皆有家畜酿蜜者，又有土产马蜂二种，或以色别，为黄、黑二种。

百蛉　都人相呼无定名，细小而色白，飞无声，昏夜潜咬人，不易觉，恶之甚于蚊。

京兆之鱼类

柳叶鱼　玉泉附近，长二三寸，通身洁白，自外可见其脏腑。

鲤　昌平巩华金鳞最美，顺义顺鲤，通县潞鲤，固安浑河鲤并佳。

鲗　今俗通作鲫，古之鲋也。

京兆之鸟类

填鸭　都人取鸭之毛羽初成者，用麦面和以硫黄拌之，填满其嗉，肥大重于鹅。

沙鸡　盘山春初最多，《尔雅》之䴔鸠。

鹡鸰　昌平房山，所产极多，鸣则天将大雪。

鸴鹆　昌平产，似黄雀有斑，蓟县作桃雀。

京兆之兽类

猪　昌平有豪猪，房山有野猪。平原各县，所畜娄猪，短颈无柔毛，宜子。

羊　房山多羊，绵羊可剪毛，山羊宜作裘。黄羊，昔南苑多有，开垦后绝迹。

鹿　盘山尚有野生者，房山有獐，昌平有麞及麂。四不像，亦鹿类，昔产南苑。

熊罴　房山、昌平、蓟县皆有之。

獾　沿河堤有之，其穴可以溃堤。

獭　蓟县有之可水居，捕鱼为食。

089~093

第十二篇　政治

12.

政治

第四十九章 公署

　　京兆尹公署，因明清两代顺天府尹旧署，实元之大都路总管府旧署也。元碑尚存，碑阴有赵孟頫书。在元之盛时，居京师之中，明以后南城日拓，北城已缩，遂觉公署在京师之东北，前衙后署，规制秩然，南临大街，东望东直门，西望鼓楼，巍然左右拱。今于署门之左，设京兆农工商品陈列所，署门之右，设京兆教育品陈列所，以昭示人民，署内掾属，分总务、内务、教育、实业四科，并设司法、自治、河工各课，其他选举事务所，及赈捐之类，或临时设立，或各科兼办，最后为京兆尹内宅，公余退息之地焉。

公署荐任职

总务科科长

内务科科长

教育科科长

实业科科长

总务科四课　机要　会计　庶务　典守

内务科五课　民政　司法　河工　自治　旗务

教育科三课　普通　专门　社会

实业科二课　农林　工商

职员

秘书　无定员

科长　每科一员

主任　每课一员　内务科有绘图员　教育科有视学

办事员　每课无定员

第五十章　各署

京兆尹所属各官署，在京师者，则有京兆财政厅，民国初称财政分厅，实无所分，乃正名曰财政厅，在京兆尹公署内东侧。至于清理官产处，印花处分处，烟酒公卖局，亦财部设置，视京兆与各省无异。财政部设立四大机关，以征民财，而各省无不成立，京兆虽二十县之地，亦无不成立。独教育部之教育厅，农商部之实业厅，则知有各省而不知首立京兆模范焉，自治筹办，曾设所长，教育实业，咸有待于自治欤。永定河务局，北运河局，分设局长，各专责成，督办河工之名流，全省水利之伟划，何以未闻建设乎？

京兆财政厅

厅长　一人，管理京兆财政，监督所属人员，暨兼管征收各县知事。

分科　内设总务、征榷、制用三科。

京兆清理官产处

处长　以京兆尹公署，实业科科长兼任，即设于实业科。

主任　各县之主任，佐助县知事，亦仿本处兼办者多。

京兆印花税分处

处长　一人，又坐办一人，均由财政部请派，足见印花发达，亦附设于公署。

京兆印花税，在民国五年，已收入十四万四千元，今则日渐推广，倍于昔时，凡公所机关，均有代售所，为中央直接收入新税一大宗。

京兆烟酒公卖局 京师东茶食胡同。

局长 一人

会办 一人

京兆烟酒公卖，在民国五年，已逾三十万元，牌照税五万八千元，为中央直接收入新税一大宗，抑奢侈税，则多取之而不为虐也。

永定河务局 在固安城南。

局长 一人，分局长四人，南岸北岸上下游各一人。

北运河务局 在通县西大街。

局长 一人，分局长二人，东岸西岸各一人。

第五十一章 县署

京兆旧有谚曰：通三武宝蓟香宁，霸保文安固永东。大宛涿良房，昌顺密怀平。盖顺天府四路二十四县之歌诀也。今将宁河、保定、大城、文安四县，划入直隶，仅存二十县。儿童歌曰：大宛涿良房，通三宝蓟香。武安永固霸，平顺密怀昌。以记二十县之名耳。民国之制，于通蓟涿霸昌平各州，均改称县，各设县知事，皆因仍前代之州县旧署，为全县行政长官。除大宛两县，不兼京师司法外，其他郊坰以外，司法案件，仍由县署兼理。今京兆二十县份图，亦略以儿童之歌为次。

县署行政之分科

总务科 他科不属之事，收发、监印、统计。

民政科　内务、教育、实业皆属之。

会计科　国家地方财政及署中庶务。

每科设科长一人，科员数人，或分数股，雇用书记不分科。县属之简者，或分两科，并会计于总务云。

县知事兼司法

承审处　承审官

监狱　管狱员

以下所雇佣者则法警、书记、看守、检验吏等项。

县属之保安队

队长　由县属委任

队兵　多者三十人，少则十余人。

各县之警佐

警佐　大县一人，小县二人。

县属临时设立机关

选举事务所　办理国会。有议会，议员之初选，事竣即撤。

清理官产处　知事监督，另设主任。

印花税发行所　考成甚严，提成亦不无小补。

094~099

第十三篇　军事

13.

军事

第五十二章　警备

　　京兆警备队总司令，管理四路警备队，其区域微异于四路同知，总司令即以京兆尹兼任之。四路司令驻扎处，则为四路同知旧治，每路平均分管五县，各马步分驻各县城镇村，地点亦时有改易。每路设正副队长，率队兵专任缉捕。盖自清末失败，但知练兵。而招募毫无规则，统驭毫无纪律。合则为兵，散则为匪。京兆各乡，所有抢案，大抵遣散之军队，无以谋生者，流为盗贼。警备兵力有限，并赖各县警察及乡团协助，庶游匪不敢侵犯，土匪亦不致啸集也。

京兆四路警备队驻扎地方

东路警备队　通县。管三宝蓟香五县。

　　　马队　在北坞村、马伸桥、于家务等处。

　　　步队　在新集镇、大厂、西集、上仓、水火堡、甘露寺。

西路警备队　卢沟桥。管宛房良涿固五县。

　　　马队　在庞各庄、长沟、榆垡、马庄镇。

　　　步队　在湾里村、义相庄、官村、大灰厂、小屯村、长沟镇。

南路警备队　黄村。管大安永武霸五县。

　　　马队　在陈厨营、河西务、桐柏、采育、杨村、北辛屯。

　　　步队　在礼贤、万庄、别古庄、安定、高店、蔡村。

北路警备队　沙河镇。管平顺密怀昌五县。

　　　马队　在高丽营、牛栏山、羊坊、顺义、南关。

步队 在杨各庄、李遂镇、马家营、孙河镇。

青纱帐 京兆平原，偶有土匪啸集，易于追捕。夏日高粱遍野，土匪谓之青纱帐，匪踪易匿，警备最难。青黄不接，粮价正昂，贫民壮者，遂留为匪。秋成告丰，萑苻敛迹。

冬防 京兆郊外抢案，冬令比平日尤多，因夏令但迫于饥，冬令更迫于寒。年根逼近，借贷无门或私债山积，力不能偿，在乡不能安居，遂流为盗贼，杀人越货。苟多立工厂，使壮者自食其力，各务正业，可弭盗于无形也。

第五十三章 营汛

京兆地方，近接京营各汛。步军统领衙门，设步军统领及左翼右翼总兵。衙门内之组织，有参议厅之左右参议，总务厅分机要、政务、统计、庶务各股，及副官处，军事科分征调、训练、考功各股，执法科分军法、刑事、民事各股，军需科分预算、收支、官产各股，别有稽查处，总军械库，及将校研究所。步军左右翼，分设两署，各有翼尉，副翼尉，委翼尉，为之领袖而分设五营。在京师者，对于警察厅，似有骈拇枝指之嫌。四郊为其专责，又与大兴宛平，犬牙相错。其官为绿营旧名，而实兼行政司法。京兆地方，又一特别区也。

中营 副将、参将、游击各一。

圆明园汛都司

静宜园汛守备

畅春园汛守备

静明园汛守备

乐善园汛守备

树村汛守备

南营　参将、游击各一。

西珠市口汛都司　东河沿汛守备　花儿市汛守备

东珠市口汛守备　西河沿汛守备　菜市口汛守备

北营　参将、游击各一。

德胜汛都司　东直汛守备

安定汛守备　朝阳汛守备

左营　参将、游击各一。

左安汛都司　东便汛守备

河阳汛守备　西便汛守备

右营　参将、游击各一。

永定汛都司　西便汛守备

阜成汛守备　广安汛守备

第五十四章　驻军

京兆驻军无定。京师而外，四郊则南苑、北苑、西苑。沿途铁路则有廊坊，沿运河则又河西务。有中央近畿各师旅，亦有各省征调之军。最要大县如通县城内东关，亦设军械局，京师宪兵第六连亦分驻于此。大抵京畿附近，驻扎军队，比各省为多。若夫仿行征兵之制，则有京兆征募局，在金鱼胡同校尉营。然募兵恒多，而征兵恒少。一则因国民教育，本未普及，不能实行征兵。一则因各省军人骄横，则中央亦不能不招重兵，以谋靖内。兵费不支，南北一致，民尽厌兵。庶有和平统一之望乎。

西苑

陆军第十三师总司令部军需处。

陆军步兵第五十二团第三营。

陆军第十三师骑兵第十三团。

宪兵营。

禁卫军机关枪四连。

南苑

陆军第九师司令部，有机关枪营及辎重营。

陆军第十五师司令部。有工兵营。

军医院。

马医院。

北苑

近畿陆军第二旅司令部。

边防军军士教导团，步骑炮工辎各营组织完备。

通县

陆军第二十师骑兵第二十团第一营。

第五十五章　旗营

京兆各旗营。当康雍之盛，名将劲旅，勋业灿然，远征边庭藩属，号曰天兵。各省日解银鞘入都，谓之京饷。东南转漕，致之新旧太仓，谓之天庚。八旗计口授食，自称铁杆粮食。官阶易转，俸银优裕，家给人足，以长子孙。乾嘉以后，渐有八旗生计之虑。咸同用兵，京旗立功者少，外重内轻。旗族子弟，犹事酣嬉。贵胄骄奢，甲兵游惰。旗营遂有名而无实。今者有智识者，改习农商。有经验者，投充军警。究不如移于吉黑沿边，垦荒开矿，俾为大中华之国防国本，两有裨益也。

西郊旗营

圆明园护军营　护卫圆明园行宫。自咸丰以后，一片瓦砾，无所护卫，仍坐耗口粮。有枪甲、炮甲、护军各目。

健锐营前锋营　护卫香山园囿。现已由农事试验场，改为附属果树试验场，由农商部管理。

外火器营　为鸟枪护军，制造枪炮火器，有制造厂如下：

造炮造枪　在南门外立马关帝庙后身。

造火箭　在西门外教军厂。

造火药　在三家店。距蓝靛厂正西三十五里，有火药局。今归陆军部辖，存储枪械子弹之用。

教场　今改为第四棉业试验场，由农商部管理。

各县旗营

顺义　皇庄即内务府旗庄，及渣伏章京、布礼章京、长春章京、白凌章京各庄。

密云　副都统所在旗城，与汉城各别。满清盛时，屡诫满人，毋染汉人恶习。

固安　拱卫京师之正南，在南门内。

良乡　拱卫京师之西南。

安次　拱卫京师之东南，城东北隅，聚居已久。

雍正年霸州、固安、永清、新城四州县，有入官旗地，由八旗派出旗人百户，每户给一百二十五亩，试办井田；乾隆间因办理无成效，改州县征租，名曰屯庄。

100~107

第十四篇 经济

14.

经济

第五十六章　国税

京兆尹公署，设有京兆财政厅，以总持京兆全区之财政，并可直达财政部。然中央财政直接收入，不但崇文门税关，左右翼税务监督，直隶中央；其以京兆区域为各省模范者，如京兆印花税务处，为国家施行新税第一事，又有中央直接办理京兆烟酒专卖局，及烟酒牌照税，均有增收。民国成立后验契已成大宗，近年京兆清理官产处，亦为中央专款，若京兆经界行分各局，则因涿易揭竿而止。吾国素以薄敛为仁政，今新政之实利未见，而新税之负担日重焉，宜乎小民致怨于当国者也。

田赋

地丁　新升科粮、八项旗租，及串票费，在二十万以上。

杂赋　各项杂赋，不过二千有余。

租课　各项杂租，亦在二十万以上。

正杂各税

契税　买契正税、加税、典推契正加税、学费、查验注册费、契纸价中证费。

矿税　宛平房山二县各设分局。

牙税　常年牙税、登录税、罚金。大宛稽查牙税局，在崇文上头条，各县亦有之。

当税　常年税，登录税。

木税　密云蓟县木税盈余，前清从未报解，今订简单征解。

鸡税　牲畜税　又屠宰税　正税罚款。

正杂各捐

货捐　京直货捐，有西便门、长辛店、保定等局。

官股收入

官股利益　岁不过四百元。

杂收入

各项规费　各项折征，各项差徭，各项杂费。

官款生息　岁不过二千四百二十元。

第五十七章　地方税

京兆地方所有地方税，用之于地方者，以学校、警察费用为大宗。京兆公立中学，四校经费，均为房契税加捐项下拨给。宝蓟两县公立一校，系两县就地自筹。昔乡区小学经费，由各村青苗会分摊，自收自用，县署无案可稽，易滋流弊。京兆尹公署，通饬照霸县按亩带征学款，并将旧日摊捐取消，交地方会计经理处经管，由劝学所支配。盖各县地亩十分之七，皆前清王公世爵所有，欲实行附加税至难。至于各乡警察分驻所、派出所及保安警察，各区董公费、自治费、车捐局经费、调查费，均就地方自筹之费也。

地方补助费　补助讲演费　区董薪公。

地方附加　屠宰　牙行　税契　状纸提成。

地方杂项税捐

斗捐　木市捐　屠户捐　铺捐　牙捐　秤捐　牛捐　驴捐　花生捐
花果捐　牲畜捐　戏捐　妓捐　（南口）驼捐　（大火）车捐

厕所捐　煤车捐

地方公产公款

地租　公款生息　学田租（宛平）　房租　公坑　陈租　渔利
抽粮地　官当

地方公益会费

青苗会费　学费　商捐　慈善会款

以上地方税收入之名目，以下为用途。

地方教育经费

劝学所　通俗讲演会　通俗图书馆　注音学母　师范讲习所　阅
报室

高等小学校　女子高等小学校　乙种实业学校　国民学校

学校造林

地方警察经费

县署保安队　各区警察分所　公园　修路　粥厂　教养局

地方自治各经费

区董公费　地方会计经理处公费　农务分会　模范农作场　保卫团

第五十八章　财政

京兆财政厅研究关于财政现行法令，征求会计人才，设会计研究
所，研究各项赋税、现行条例，及京兆单行法令，会计法规、公债、
银行、货币、统计，以冀增加收入。印花税分处，修正考核各县知
事，分销印花税规则，惩罚尤严。然京兆乃贫瘠之区，既无省垣，又
无通商大埠，京师内外，且不在管辖，所恃者仅田赋、契税两项。京
师汉契，自五年度经财政部划归左右翼，虽新辟各税，比北京直分治

之初，约增一倍有余，而岁出由八十三万余元，增至百二十万元，仍难相抵。民国五年预算，为财政史适中之数，列如下。

民国五年度岁入门

田赋 四三四〇三二。

各税 二三八九五三。

各捐 三〇〇〇〇。

官业 四〇〇。

杂收 一五四九二八。

民国五年度岁出门

内务部所管 八三二九九九 又临时 一二〇〇 公署警备河防等

财政部所管 三五九一六 又临时 厅署捐税各局

陆军部所管 四二六三四 又临时 驻防旗俸甲饷

司法部所管 三九〇二八 又临时 二四〇〇 监狱待质递解等

教育部所管 三九〇三〇 又临时 补助学校

农商部所管 七〇八〇 又临时 矿务

共计 九九六六六八 又临时 三六〇〇

此时经临合计已逾百万又二百八十七元。

行政经费之最重者

京兆尹公署 六〇〇〇〇 　　财政厅 二〇〇〇〇

各县公署 二九四九一二 　　北运河 六四三一六

警备队 二〇〇〇〇 　　永定河 一九九七七一

第五十九章 县款

京兆各县地方，岁入岁出总预算说明书，由地方官，按年具报财政厅查核，未有县议会，不由地方议会通过。七年度岁入岁出各表，已于《京兆公报》，陆续公布。各县田赋之亩数不同，则附加之数各异；杂项税捐各征土物，又各不同。至于岁出则教育事项，警察事项，以地方之力，或不能悉按定章办理，惟择尤举办而已。稽二十县出入之多寡，地方之丰啬，可以见矣。

大兴	入	三三〇八一	出	三四三九五	
宛平		三〇一二五		三〇四六四	
涿县		三五九〇八		三四七八八	
良乡		二二一七二		二〇九五九	
房山		二二七三二		二六一九八	
通县		七四五四八		七一八九〇	为各县之冠，临时出入在外。
三河		三五〇二八		三五〇二八	收支相合
宝坻		二四二九一		二三四六七	
蓟县		五〇二二一		五〇一六七	六年度如此
香河		一五三三六		一三七〇五	
武清		六〇六八三		五八五八四	
安次		四一六九		四一一六九	收支相合
永清		三九五二四		三八〇三二	
固安		二七六四九		二七二〇〇	
霸县		五四〇八四		五四七〇八	
平谷		八六一一		八六一一	最为少数
顺义		三六三一九		三五七九三	
密云		二〇一二八		一九〇六〇	

怀柔 　　一一四五一　　　一一四四五
昌平 　　三六九一三　　　三七〇七〇

第六十章　田赋

京兆地方自治，必就地筹款。就田赋比较之，以宝坻最为广沃，惟水灾特重。其他不及万顷，武清次之，凡七千余顷，蓟县四千余顷，安次三千余顷，通县三河将近三千顷，又其次也。大兴、宛平、涿县、香河、永清、昌平，犹在千顷以上，固安不及千顷，顺义、密云，皆六百余顷。房山五百余顷。良乡、平谷、各四百余顷。怀柔最瘠，不足二百顷焉。东南富庶，西北瘠苦，京兆如此，全国亦如此也。

大兴　一千八百三十二顷三十六亩。

宛平　一千四百九十七顷四十八亩。

涿县　一千一百二顷十六亩。

良乡　四百八十七顷九十一亩。

房山　五百五十八顷六十五亩。

通县　二千九百四十一顷八十九亩。

三河　二千九百五十四顷八十五亩。

宝坻　一万二千二百六顷十二亩。

蓟县　四千五百二十七顷六十二亩。

香河　一千七百七十四顷七十一亩。

武清　七千四百二十二顷九十九亩。

安次　三千六百五十九顷六十八亩。

永清　一千二百八十顷三十九亩。

固安　九百十五顷五十二亩。

霸县　二千六百三十顷四十七亩。

平谷　四百七十七顷七亩。

顺义　六百四十九顷七十八亩。

密云　六百十二顷十六亩。

怀柔　一百七十九顷九亩。

昌平　一千三百六十二顷七十九亩。

108~114

第十五篇　自治

15.

自治

第六十一章　议会

京兆地方，未有地方议会。京直未分治以前，顺直省议会，设于天津，至今顺天之名虽改，顺直省议会之名未改也。顺直并称，似尊顺天于直隶之上，然顺天人少，直隶人多，关于顺直利害不同之议案，顺属每以少数失败。至今直隶人或自称直隶省议会，而视京兆殆与热河察哈尔称特别区略等。况国会众议员，吉、黑、新三省，犹定额七名，京兆不过四名，略在热察绥之上。参议院地方选举会，每省五名，每特别行政区一名，直与川边同等也。犹幸中央选举会所在，终为近水楼台，选举或占优胜也。

中央选举会

第一由教育总长，第二内务，三四农商，五六蒙藏院监督。

第一部　十名　国立大学、外国大学毕业，大学校长教员，及著述发明。

第二部　八名　退职大总统，副总统，国务员，特任官，三等以上勋位。

第三部　五名　年纳直接税千元以上，或有百万元以上财产。

第四部　四名　华侨有百万以上财产，经驻在地领事官证明者。

第五部　二名　满洲王公，具有政治经验者。

第六部　一名　回部王公，具有政治经验者。

地方选举会

一　高等专门以上学校毕业，及相当资格，及中学校长教员三年，或著述发明。

二　曾任荐任官满三年者，或简任以上官满一年者，或曾受勋位者。

三　年纳直接税百元以上，或有不动产五万元以上者。

众议院选举

有中华民国国籍之男子，年满二十五岁，住居本区满二年者。

一　年纳直接税四元以上者。

二　有值一千元以上不动产者。

三　小学校以上毕业者。

四　有与小学校毕业相当资格者。

五　被选人须年满三十岁以上。

初选以各县知事为监督，覆选以京兆尹监督。

第六十二章　区董

京兆各县城镇村分区自治。虽各省自治停办，而京兆各县，仍有区董，且近日之分区，或视昔日为密，区董公费，或由国家税补助。各县分区，或分设警察所，其区治必为昔日之大镇，或曾设佐贰分防泛地，大抵以一镇为各村之领袖，村人视本区之镇市，为全区公共交易会集之中心点。如各村国民学校，皆以本区高等小学为升学之途。苟区董望重一乡，尽心教育、实业、慈善之事，以谋自治之本，则图书馆高举，道路平治矣。

大兴　分十二区，城镇村二百九十处，自治区联合会，以区董为会员在县治。

宛平　分八区，城镇村四百五十六处，知事、劝学所长、警佐、会计员，亦到会陈意见。

房山　分九区，城镇村二百三十二处。

良乡　分八区，城镇村一百四十四处。

涿县　分九区，城镇村三百九十六处。

通县　分十三区，城镇村五百七十二处。

三河　分十二区，城镇村五百四十八处。

蓟县　分八区，城镇村九百八十五处。

宝坻　分十区，城镇村八百八十三处。

香河　分十区，城镇村三百五十六处。

武清　分八区，城镇村七百二十三处。

安次　分十一区，城镇村四百六十处。

永清　分十区，城镇村四百〇三处。

固安　分十一区，城镇村四百二十七处。

霸县　分十二区，城镇村二百四十七处。

平谷　分五区，城镇村七十五处，村长捐资兴学者，照章给奖。

顺义　分十一区，城镇村二百八十一处，村长有鱼肉乡民者，即行撤换。

密云　分十三区，城镇村二百九十六处。

怀柔　分九区，城镇村一百三十七处。

昌平　分十区，城镇村四百〇三处。

第六十三章　户口

《周礼》职方东北曰幽州，其民一男三女。汉崔寔言幽州土旷人稀，广阳国户二万七百四十，口七万六百五十八。唐幽州范阳郡，县九，户六万七千二百四十二，口三十九万一千三百一十二。辽南析津府统县十，有丁五十六万六千。元大都版籍，户一十四万七千五百，口四十万一千三百五十。明顺天府编，户十万五百十八，口六十六万九千三十三。清初十万四千三百九二；清季户近六十万，丁口逾三百万。今分县列下：

大兴　二万四千七百八十户，十三万〇九百二十三人。

宛平　三万四千一百三十八户，十五万九千五百四十六人。

涿县　二万九千五百八十二户，十五万六千一百六十四人。

良乡　一万〇八百四十六户，六万二千七百六十八人。

房山　二万一千四百一十三户，十四万九千一百四十六人。

通县　五万三千九百二十二户，二十六万二千八百四十七人。

三河　一万六千七百四十一户，二十万八千五百四十二人。

宝坻　六万一千一百五十二户，三十一万六千八百七十九人。为最多数。

蓟县　四万四千二百九十四户，二十五万六千三百四十七人。

香河　二万七千六百〇四户，十四万四千九百〇六人。

武清　五万一千三百九十七户，二十四万四千一百八十六人。

安次　二万七千三百一十九户，十四万九千二百三十五人。

永清　一万九千四百一十户，十万六千四百六十四人。

固安　二万六千八百一十二户，十三万七千九百一十七人。

霸县　二万三千八百九十户，十二万五千二百六十四人。

平谷　九千九百五十一户，五万〇六百七十六人。

顺义　三万〇六户，十七万一千三百四十九人。

密云　一万九千一百七十一户，九万一千九百一十七人。

怀柔　九千八百九十八户，四万八千〇六十六人。为最少数。

昌平　三万六千一百八十五户，十六万五千七百四十一人。

第六十四章　乡团

京兆地方人民，守望相助，每村必有乡团一组，遇警以小锣为号，邻里咸集，俗名小锣会。又有一种，名曰看青，由全村公同出资，雇人看本村之田，以防他人偷割，公议罚法，无徇私者，惟春夏秋有之，冬季或解散，或并入小锣会。古人保甲之法，肇自轨里连乡。京兆各县，或曰青苗会，或曰联庄会，名目不一，而防盗防火，自卫有余，近已组织保卫团，公款颇裕，惜民智未开，或只演戏酬神。霸县、安次以青苗会公产办学，能务本也。永清因各村侦获窃取青苗之人，科罚无限，酿成争斗命案，因妥订青苗会办法施行焉。

一　青苗会事务所　附设于自治办公处。

二　正副会长　以正副区董兼充。

三　每村青苗分会　附设各村公共庙宇，会长由村长、村佐兼充。

四　会员　凡在本村居住，有地五十亩以上者，皆另分会员。

五　职员　评议五人至九人，干事二人至六人，分会评议五人至七人，干事四人。

六　选举　本区本村选举，均由会长召集。

七　会期　旧历六月前由分会会长，召会员议决，交各区评议会复议。

八　议案　评议会认为可行，由会长呈送县知事核准备案，或代为修止。

九　看青　看青赔偿方法，按向来习惯办理，先由分会交各区评议，呈县署核示。

十　罚则　窃拾青苗，妨害青苗，罚数须经评议，不得过永钱百吊，重大者仍送县。

十一　上诉　被分会所罚不服，准次日送区复议，或禀县知事裁决。

十二　惩戒　看青人如侦获窃拾青苗之人，不得私罚凌虐，违者按律科罪。

京兆地方保卫团

各县治设立保卫团公所，遴派地方绅董协筹办理。

一　每县总查稽查一员　警备队队官兼充，而以县知事为总监督。

二　各区稽查一二员　本区警佐，或驻在地警备队队长兼充。

三　牌长　编牌以十户为率，八九户亦可成牌，但少于七户以下之村，亦成一牌。

四　甲长　编甲以十牌为率，八九牌亦可成甲，一二牌并入邻甲。

五　保董　编保以五甲为率，三四甲亦可成保，一二甲并入邻保。

六　团总　须有中学毕业，财产三千元以上，年三十以上，住居二年以上，端正人。

115~128

第十六篇　人民

16.

人民

第六十五章　种族

京兆各县乡民，以汉族为多，至今犹有缠足陋习。满族散布近郊，驻防要隘，已多剪去辫发，而汉人尚有保存发辫者，则不识不知之农夫为多。京兆骡轿骆驼往来，多由蒙古人执御，二百余年，无汉蒙种族之争。有清时汉军旗人，有用满蒙语为名，今则满蒙多译汉姓而冠之，所以泯种族畛域也。回族聚居各县城乡者，皆自成一团体，因宗教不拜偶像，不食猪肉，遂致汉回尚鲜通婚，然姓名风俗，渐已同化。藏族惟喇嘛居外馆，黄寺黑寺，口粮不足，额数暗减，五族中最边远者。蒙藏议员，亦由政客取而代之矣。

汉族之特姓

律　通县东二十里龙庄，二十余家。

修　石景山庄修姓，自引浑河灌田。

汉军化于蒙者

用名不用姓　如寿山本姓袁是也。然今日报馆杂志别名不用姓者亦类此。

用满蒙语为名　如绰哈布姓张是也。然今在西教执役，改用洋字为名者，类此。

满蒙之同化

冠姓　满蒙冠姓，必用汉人旧有之姓，移居内地各省，人亦不能辨。

改装　妇女高髻长衫，今多改从上海时式装，或南北统一之兆欤。

官话　满蒙人世居京兆者，不复识满蒙字，所操官话能通行各省。

汉族从满蒙人之特长

天足　京兆各县城乡，多立不缠足会，女学界放足尤早，以从世界之大同。

便衣　京兆官绅，下至平民，皆着前清便服，礼明用洋式，祭服用古式，遵用者少。

回族之特姓

回　通县张家湾，回族有此姓，永清亦有之，他省所无；又朱氏讳猪改姓黑。

哈　京西回民多此姓，马氏尤众，王氏、李氏、陈氏、丁氏、杨氏、谭氏，几与汉姓无异。

种族之旧域

蛮子营　顺义县西，役丹松汉府弹汉州部落，唐置归顺州、归化郡，盖极边也。

骚子营　武清县北，今东三省以骚达子之名，移之西伯利亚人。

第六十六章　言语

京兆言语，似与普通京话无大差别，然京东、京西、京南、京北，自京兆乡人辨之，已有四方之异。《顺天府志》，所引方言，合于古籍者，今亦迁变。以南人闻北话，则有学读作鸮，觉读作绞，欲读作愈，肃读作须，谷读作古，笔读作彼，毕读若密，锡读若西。盖京兆之言语，凡入声字，每不甚明晰，如乐字读作劳，去声是也。惟上平下平，则辨别分明，亦南方人所不及。顺天旧志方音，多采之于《宁河关志》。今宁河已划入直隶，然宁河王氏官话字母，曾风行京兆，今京兆已改用注音字母，以期文言一致，然未见速效也。

京兆方言特别字

毳初瓦切，人在雨雪中行也。

您读若凝，实南方你老人家四字之省文也。

衕衕京师俗字，今省作胡同，衕字见《山海经》。

傄傄（骂也）　嫛盈（恕也）　嚃（喜言人恶也。）　此顺天旧志方言今罕用者。

又京兆谓客如茄，谓耕如经，北方各省皆同。

京兆方言名物之异

青庄　涿县人呼青庄，即鸡鹝也。

水牛　京兆人呼蜗牛为水牛，《帝京景物略》曰春牛儿。

田鸡　涿县人呼青蛙曰田鸡，蛙曰蝦蟆。

蚂蚱　固安人呼蚂蚱，即《诗经》之蟊螽。

趋趋　京师人呼蟋蟀为趋趋。

马郎　京师人呼蜻蜓为马郎。

臭椿　京话通全国，其学名曰樗。

白果　京话银杏之通称，涿县或呼鸭脚子。

鸡头　京话称芡实之名。

京兆方言称谓之异

老爷　外孙呼外祖之语。对于神则呼关圣也。京仆称其主，及信面用者已少。

大人　儿童对家长而言，爹为父，妈为母，各省通行。

第六十七章　衣服

京兆乡民衣服，犹衣老布。本地织厂无多，以宝坻、霸县职业为盛，不但自织自用，且可分销邻县。冬日乡人仅有棉袄棉裤，以夹布袍为礼服。出塞移民，则着老羊皮袍御寒，夜则用以为被。妇女衣服，昔尚红绿，今改用蓝布。儿童犹多着红绿，冬日毡帽毡鞋，昔年用者多，今则渐少，寒渐减也。夏日乡民，有葛布麻布衣者极少，习俗自端阳后，多有袒裼裸裎。乡间儿童，赤身立烈日中，不觉炎暑之蒸，吾民之体格，可谓壮矣，冬令亦有赤身曝日中者，得天何其厚欤。京兆蚕业讲习所，在京师二龙坑，丝绵绸成绩已著。

民国以来之衣服

礼服　国会议决公布之礼服，议员先不遵行，官场绅士行礼时，罕有大礼服。

军服　军官犹多便衣，军士一着军服，人民皆畏而不敢言，戏园茶馆尤畏之。

警服　维持地方秩序，必先整齐一致，表示保卫之精神，警官仍多便衣。

制服　城市学校学生，开会时制服颇整饬，职教员未定制服，市上有学士靴鞋。

西服　民国元年，多改西装，三四年复渐少，仍改从前清之便服。

旧式衣服之存废

古装　前明衣服，犹存于优伶化装。

道装　前清遗老，不肯剪发者，或作道装，仍家居如常。

袍褂　翎顶、朝珠、荷包、花衣之类，惟内务府旗人，当清廷差事者仍如旧。

凤冠　前清命妇服者极少，惟寿终或用以装殓。

祭服　民国四年仿古，冕而不旒官场用者亦少，自以为破除迷信，不知宗教也。

乡民衣服之俭朴

补衣　衣敝即补，有补而复破，且屡破屡补者，百结如衲子，技之精者能织补。

估衣　城市估衣，实多新制，若团龙花纹马褂出自旧典，则赴各乡庙会卖之。

首饰　妇女多有银首饰，足见国民储蓄力。近日女学兴，而妇女储蓄力大减。

京兆之毛织品

绒呢　顺义土法所织绒呢甚佳。普通工厂所纺毛线，编制衣袜尤便御寒。

毡毯　京师附近所织地毯颇运销国外。

第六十八章　饮食

京兆人民食杂粮者，居十之七八。有秋收稻麦，粜之于京师，而购杂粮以为食者。且不但贫民食杂粮，即中等以上，小康人家，亦无不食杂粮。杂粮以玉蜀黍为最多，俗名玉米，乡人食量，比京师富贵人或加一倍。然平均食料，每人每餐面一斤，而乡下自耕自食，计价每人每月所食之价值，不足五角，生活程度，几于人畜平等。贫民小户，终岁不食香油。中人之家，惟逢年则杀其所豢之猪，以为祀祖酬客之用，是有地二亩即可一人。县城渐奢，近京师天津者，酒馆旅馆，因交通便利，日即奔侈也。

京兆之食物

绿豆粥　京兆各县，暑日食之，亦有饮绿豆汁者，市上所卖，颇不洁。庚子时两宫北去，上谕中有：朕在昌平宣化间，敞衣徒跣，豆粥难求，何言之沉痛耶。

炸酱面　京兆各县，富家多食之。旅行各乡镇，便饭中以此为最便。

荞麦面灌肠　用荞麦面粉，灌入猪肠，染成微红，节节切之，炸以油，市脯之特品。

发面　京兆发面惟用碱，不如山东用酒糟为引酵，当改良也。

小米粥　西峪寺门头沟，所产小米，价廉而可食。

饽饽　饽饽本满洲语，京兆习用之。

麻豆腐　与普通豆腐不同，亦绿豆制。

京兆人之饮料

酒　通县竹叶青、良乡黄并著，大兴一县，已每年产酒八十余万斤，他县亦不少。

汽水　玉泉山自制最优，金山矿泉所制亦佳，在旸台山金仙寺。

酪　牛乳所造，既甘且凉，京师特佳，不但南方所无，关东塞北无之。

茶　怀柔乌叶山茶，惟山中饮之。城市茶商，皆由南方贩至。

冰镇①梅汤　京师用以解暑，城市庙会多有之。

豆咖啡　仿高阳李氏法，用土产大豆制成。

铁路旁之食物

京汉、京奉、京绥，道旁多有之，南满、胶济、东清各路，吾民

---

①冰镇：原文为"冰振"。整理者注。

无此幸福。

薰鸡 卤蛋 炸鱼 京汉路涿州、琉璃河一带多有，愈南则食品愈多。

糕干 水果 京奉沿路多有，糕干尤以杨村为著，可代小儿之乳。

热包子 油果 饼子 京绥沿路多有，但过张家口以西便少。

第六十九章 居处

京兆乡民所居，以土房为多，以土坯砌墙，不用一砖，以杨杆为椽，苇薄为盖，上抹以泥，不用一瓦；或用石灰为顶，则名曰灰房。至于瓦房，则非素封之家不得。镇市多灰房，城内多瓦房。商人所在，如通县，多改洋式门面。西人教堂，年久者或有洋楼。乡人室内多迎窗户作土匠，俗字通作炕，冬日则炽火于其下以取暖。盖自黄河以北，炕渐多而床渐少，但不如东三省三面炕之大也。俗多弃灰于道，是以老年房屋，门内或比门外低数尺，雨后每防倒灌。京西南有石板屋，最为坚固。

族居 如庞各庄、杨各庄、胡各庄，犹仿南言某家庄也。又如张家湾、李家桥、韩村镇、侯家营，亦以姓氏著者也。刘李河、刘宋镇，则两姓聚居者也。

世居 如三家店，今已数百家。九间房，今已数十间房。大抵世居之地，子孙众多，亲戚依附，往往久而弥盛，后人不忘建始之基，仍用以为名，又有二百户、三百户等。

客居 如平谷县之山东庄，顺义县之河南村，以及顺义县西之高丽营，凡移居之客民，不忘其祖籍，每用旧居为新称，可略见民族移徙之趋势。

山居　西山深处，明季权阉，每舍巨万之资，以修庙宇。近日伟人政客，亦多于山中建筑避暑别业，皆非山居之本色。京兆居山之民，多种果树，夏秋之交，即以果实为粮，无异神仙，树有浓荫，清风徐引，玉蜀秫为篱落，其人不乐履城市，而寿且康。

水居　京东南列县，近岁水灾屡告，近水者或数十村被淹，数年而水不退，捕鱼虾以为粮，壮者转徙关东，妇女或沦入下贱，可悲也。

村居　宛平县西南，原有三坡地方，其村民不愿入城市，请改拨涿县，举三老以自治。凡一方之人民受治焉，岁征钱粮如额，由三老解交涿县，一切小事皆听之于三老，狱讼极少，读书但求识字明理，不竞于举业，亦贤矣哉。

城居　虽非县治，人民或筑城自卫，如宝坻东南八面城，即因城而设镇，其余巨镇如卢沟桥，城垣特固，而不以城名，其他小村镇，亦有筑土围以为堡者。各县城或有颓败者，若昔年州郡古城，或夷为耕地，无迹可考，又不胜古今迁变之感矣。

市居　市民多非土著，或土著已传染外来习气，貌似开明，而市井气不能自掩，古昔淳朴遗风，尽为进化力所摧矣。

第七十章　器用

京兆乡民，器用简单，洋货甚少，石器、木器、铁器、粗瓷、陶土之类，有二百年前之旧式。乡民居家，有一瓦钵，一木梳，而传世三代者，爱惜物力，勤俭耐久。稍涉城市渐觉新器多，而俗渐侈，都会附近，大县大镇，亦模拟京派，崇尚洋式。总之昔年坚实耐久之器，今多变轻薄不耐久者，譬如旧式大小车，牛车骡车，能行崎岖不平之路，且有能行山道者；新式人力车、马车、汽车，惟能

123

驰骋康庄之马路而已。世界进化，铁器之伟大，万倍昔时；电气之发明，为用尤捷，器惟求新，瞬见物质文明，日新又新，工业不竞，则自甘劣败也。

石器

石碾　京兆各乡民门前，必有一场，设石碾一架，用以碾玉蜀黍，碎成两半，而后煮粥，或缠足妇女，终日转旋，操作甚苦。

石磨　京兆乡村，多用人力，或用牲畜之力，通惠河则借用水力，京师有机器磨。

石砚　蓟县褐黄石砚，理粗而废墨。

木器

桌椅　蓟县工人少木匠，来京者沿途呼唤，收拾桌椅板凳，间有在京开木厂者。

车辆　独轮车运水、运灰土、运货，用人推。敞车无帏，用席棚载人货，驾骡马以行。

船只　通县有驳船载货，带屋船载客，昌平有货船无棚，河工有土槽船、牛舌船。

编织　簸箕筐撮斗升，不但可挑米，并可挑水，永清织席厂，销于清河等处尤多。

陶器

甘子土　出房山，作窑货，且加以釉饰，琉璃河即因此得名，造成大水缸、瓦罐，用民船下连天津。今工业专门窑业科毕业生，试验造瓷，当更有进步。

铁器

犁锄　各县铁工，多能自制，或谓比洋犁耐久，铁撬、铁锹、铁幌锤，农具兼为治河之用。

戽斗　沿河各县灌园所用，即子贡氏发明之桔槔。

渔具

潆宝坻渔人，拦河设此，损及河堤，利小而害大。

第七十一章　婚丧

京兆尹治，京师东北隅，及西北隅，故象遗俗，多循前清八旗之旧。婚丧崇尚仪式，如迎婚必用花轿，导以全副执事，民国以来，惟减去官衔马牌而已；送葬则以僧道鼓乐，其诰封且大书前清官爵焉。都人或借饭庄做寿，或借古庙开吊。若外县则多在家庭举行，丧家做道场，三日或五日七日。香河之俗，道场毕则送僧人衬钱，僧必以十分之二，送还主家，又略似官场赔款借款之回扣也。古礼繁缛，清季人民经济困乏，始日趋于简易。世俗愈奢侈，大礼愈苟且。离婚、短丧，坏我国本，有心者痛焉。

婚礼

喜饼　为订婚必赠之礼物，分致亲友，报告女之受聘也，蓟县有献束之礼。

童养　寒士家庭，多童养媳，中人之家少有。

早婚　霸县早婚之俗，女长于男，奸宄之案，由此而滋，缠足之风，甚于各县。

办事　旧俗初日迎妆，正日娶亲，次日全亲，今并为一日，故有小三天之目。

赔奁　旧俗都市夸数百抬，充溢街巷，乡间夸数百亩，连接阡陌，今不轻见矣。

撞婚　通县旧俗，男女必取八字，由术士合婚，其亲上加亲，不问术士者曰撞婚。

亲迎　固安多行古礼，男子先至女家，谓之求亲。

点茶　通县嫁女次日送果品曰点茶，三日送席曰馂饭。

回门　九日女家迎婿女至家曰回九，亲戚成往；十八日女家亲戚至男家谓之作双九，或女家迎婿女曰回双九；及一月迎婿女至家曰住对月。

丧礼

告丧　固安之俗，初丧悬纸马、纸钱于门，合家不举火，孝子不食。

招魂　良乡每于父母死，诣五土地等庙求返魂，三日始殓。

殃榜　昌平初丧榜死者姓氏生卒年月于门，谓之殃榜。

停枢　乡民以停枢在家多日为孝，夏日尤妨卫生，富贵家有停枢数年者。安次遵行文公家礼最严，乡间仍多修佛事。

送葬　顺义乡人，每二十三人为一朋，吊于亲识出会钱，行礼坐立皆以齿。

圆坟　通县葬后三日，孝子必亲加新土，谓之圆坟，亦谓之暖墓。

第七十二章　卫生

京兆各县，山野之民，多得天然卫生之力。西山空气之澄鲜，汤山温泉之暖适，凡碧眼虬须之远客，羡之如天堂，富贵之人，得游息一月半月，已为大幸，吾民日在幸福中而不自知也。龙须沟流其浊，粪厂扬其臭，士大夫掩鼻欲呕，惮之如地狱者，附近居民久居而不闻，老者康健，幼者嬉戏，苟令西人宝贵者居之，不畏病菌之传染耶？乡民守旧，多用中医，能用古方，但视为秘传，而不能成专门科学，坐令西人医药，流入中原，上流社会，信者渐多，倭货仁丹，或兼售吗啡，惜吾国著名药品，不设大制造厂分销处也。

京师著名之药品

虎骨熊油膏	同仁堂	大栅栏
舒肝丸	济生堂	正阳门大街
梅花点舌丹	皮赞公	菜场胡同
万应散	雅观斋	杨梅竹斜街
阳和解凝膏	广湧堂	丁字街
二龙膏	保和堂	东单牌楼
十香返魂丹	同济湧	南小街
万应锭	东安堂	东安门内
养血调经膏	广德堂	土儿同胡
七珍丹	沈家	羊管胡同
熊冰痔瘘散	志善堂	北新桥北
紫血丹	永安堂	东四牌楼
开胸顺气丸	一小堂	西直经外
紫金膏	天沛堂	东四牌楼
小儿定疯丹	德安堂	灯市口
百效膏	济生堂	东安门大街
独角莲膏	重庆堂	东四八条
荷叶丸	泰和堂	北小街

各县著名之良药

回春堂鹿茸膏　涿县南之松林店所产，每张三元，能治噎食。

倭刀柄眼药　出通县，可治自疾，俗名倭瓜把。

京兆医学讲习所

地安门外，小口袋胡同。一年毕业，继续招生。医本专门硕学，关系人命，京师无国立医科大学，专门人数亦少，讲习者应延长学年，精研实验也。

京兆医院

附于京兆医学讲习所，设备未完。若能聘名医，制良药，则民信日重矣。

京兆临时医院

设于廊坊，专任防疫，会同内务部传染病医院，京师警察厅技士，内外城官医，认真施诊，疫氛扑灭。临时有检验所、隔离所、卫生队。

京兆养济院

安定门外地坛，以恤残废。

129~138

第十七篇　宗教

17.

宗教

第七十三章　孔教

　　顺天府学，在府学胡同，元之报恩寺也。学门内西有明洪武间定学制碑，考其法府州县皆有学，令乡三老，各举其乡之秀者，升之于学，择邑中之宿学为师，学不一艺，师不一人，经史之外，兼及礼乐射御书数，旁及击刺，勇力有余，愿学文者听，月考其学之进退，以为师之去留，有司莅之，三年学不进，有司及师有罚，学成贡之太学，即为进士。此法深得王制立学之本义。洪武停科举二十年，而卒改考试八比。且糊名模索，专在防弊。明清竟用以取士，至五百年之久，亦消磨英雄之术也。今学校弊多，亦恐难持久也。

坛庙之祭礼

孔子祭则爱福，百神享之，京兆各坛庙，合于孔教者如下：

天坛　京师永定门内，地坛　京师地安门外，日坛　京师朝阳门外，月坛　京师阜成门外，外县无之。

社稷坛　京师已改中央公园，各县皆有之，良乡北门西北尤著。

先农坛　京师已改城南游园，各县皆有之，通县在八蜡庙西南，尤重农事。

风云雷雨山川坛　各县多有之。

厉坛　各县皆有，祀古人之无祀者。

文庙　各县治皆有，昔日典以教官，今改奉祀官，怀柔南有先圣台，为顺义地。

武庙　昔祀关圣，今合祀关岳，民间私立关帝庙，每县辄数十处，得孔教之义字。

马神庙　各县皆有，礼之祃祭也。

文昌庙，奎星楼　科举时各县并盛，孔教之旁支也。

火神庙　各县皆有，其祀祝融，多在南门外。

龙王庙　各县近河者皆有，占之河伯也。

灶君庙　京兆各家祀灶，称为九天东厨司令，蓟县西门外，有灶君庙。

药王庙　各县所祀为神农，五帝之一，无称药帝者。

城隍庙　各县皆有，其神权所及，亦以县为界。

土地庙　各县各村皆有，为一乡社所祀。

名宦乡贤祠　各县或分为二祠，或合为一祠，或有建立专祠者。

节孝祠　各县皆有，在文庙附近。

第七十四章　佛教

京兆乡民，信佛者多。自学校兴，破除迷信，新政繁，或改驻警察，或改为公所，占寺之存者日少。宛平南境苏家沟，白衣庵，铜质观音，历年贴金，不计次数，竟为莠民售之外人，炼铜提金，数十倍于所卖之价。嗟呼，幽冀象教，始于元魏，盛于隋唐，辽金元明，又复崇尚，一时上行下效，大垱巨室，争出金钱布施，以为邀福之计，琳宫绀塔，崇隆畿甸，而况田盘崎其东北，大房束其西南，山谷幽渺，缁流所托。近代民力凋敝，古寺亦多年久失修，能自立者寡矣。

资福寺　在怀柔西北二十里之红螺山，高二百仞，寺僧五六十人，操行勤苦，规制秩然，所藏经卷甚富，环寺数里，果树葱葱，岁收其实，为入款，蔬圃有数竿翠竹。

龙凤寺　在宛平化山绝顶，外来游民，窜入种烟，宛平县汤知事铭鼎，亲往划除之。

房山石经　石经山在房山县西，石刻梵经，寰宇之冠也。创建于隋，唐继之，而大成于辽。山麓有西域云居寺，或名西峪寺，创自隋，唐石浮屠尚存。主峰名恣题山，恣古莎字，旧产恣题草，峰顶为小西天，石经洞凡九，雷音洞最巨。隋沙门静琬，虑东土藏教毁灭，发愿勒经铜藏，垂诸永久，自大业迄贞观，成大涅槃，经一百二十石。门徒绍其志，历四代，至元和四年成大般若经一千五百六十石，唐刘济石经碑志之。复有大华严经、正妙法念经、妙法莲花经、维摩经、无量义经、金刚般若经，其他经典，不可枚举。辽时续镌大般若经、大宝积经，而四大部经告成，总计二千七百三十石，赵遵仁建碑志之。所憾石过多，鲜拓本，游者亦难览偏焉。

宝塔

京兆各县，佛寺之塔，高者如机器厂之烟筒，低者亦高逾西人之教堂，为地方准望，有海滨灯塔之意，择其要者叙之。

云居寺塔　创于隋，修于唐，极顶有石台五座。

燃灯佛塔　通县西北，佑圣教寺，高十三级，二百八十尺，宇文周时建。

香城塔　香河县南二十里楼隐寺，辽时建，高五丈五级。

舍利塔　三河西门外，金正隆元年建，康熙十八年地震，顶檐四坠，塔身尚穹立。

延圣塔　昌平银山西北一里。

清凉寺塔　京西卢师山，高七级，隋仁寿时建，明天顺时重修。

第七十五章　道教

京兆信道教者，远不如佛教，而道观又远不及佛教十分之一。京师白云观，规模颇盛。然道教起于黄老，俗人信道者，但知向吕祖阁求药方，及珍藏张天师镇邪符。虽老君堂偶立于昌平天寿山，至于黄帝，惟平谷县有轩辕黄帝庙，在县北渔子山，道家杂祀真人极多，而道教元祖之黄老，庙宇寥寥焉。裁缝业或立轩辕殿，因其制衣裳也，药行商会祀神农黄帝并附岐伯，或以僧人守庙，可见国人宗教思想，太薄弱矣。京师白云观为道教领袖，各县原有道纪司，护日月食，祈晴雨，今迷信破除，道教益衰微矣。

玄福观　昌平南回龙店，俗呼回龙观，弘治十七年建，清讳玄，凡道教之谈玄者，皆作元，此观为顾亭林至昌平谒陵所寓。

吕真人祠　昌平城西大街，前明昌平镇陈洪范建，有明尚书董其昌碑，以董之书法，为世所重，述陈洪范征辽，被真人救护事。盖道家阴符，实通于兵家也。

清都观　密云西北清都山，金大安二年道人杜宗道建，元至元时洞阳真人炼药其地，改洞真宫；洪武二十四年置道箓司，有皇庆元年，翰林院倪坚撰记。

庆峰观　在密云县南，元人建，明洪武十六年，道人郭东峰重修，邑人魏尚儒重修，礼部侍郎张文宪撰碑记。

霞峰观　密云北四十里白檀山，曰水谷，袤延峰岭，林木森秀，后魏志和修炼于此，当有霞覆其上，因名霞峰。

白云观　顺义县呼奴山，元建有大德八年集贤学士宋渤碑，与京师之白云观同名，而规模较小。

延祥观　在平谷县东北独乐河庄，初名玄宝观，至元间邱长春过此，观有枯柏，扪之后荣，有南塘老人张天度为作诗，玉溪老人赵铸为作记。

玉皇庙　蓟县黄花山，王新庄、崆峒山、霸县、青口、叶家庄、康庄、文明村，怀柔东门外土丘，密云新城都司署，通县八里桥、张家湾，皆有之，看庙糊口者，不明教旨也。

碧霞元君庙　通县学子胡同，及马驹桥、武清、蔡村、霸县、青口、长屯、汉河，共七处。

玄武庙　各县多有，在北门上高处，名真武庙，亦因避清讳而改也。

许真君庙　通县城罗家桥，昔为江西漕运会馆，各商帮附之，今改万寿宫。

第七十六章　回教

京兆各县之回教徒，以通县之牛市为盛，聚居之整齐，清真寺之严肃，无异于京师之牛街也。回教来自西域，每乐于聚居西门，如涿县清真寺即在西门之北城根是也。其在乡间聚居，而成村者，如通县长营，回民多于汉民，禁食猪肉，汉人婚丧，亦用牛羊肉酒席。女子亦习回文可兰经[1]，赴礼拜寺上课，京师之回文女学四五家，多不挂招牌，教外人多不知，亦可见回教团体坚实，不务虚名也。至于各乡

---

①可兰经，原文作荷兰经。整理者注。

回民聚居，成回回营者，则榜门亦揭回回文焉。回教俱进会，职员七十余人，会员千余，公同封存铃记，不涉政潮。

回回营

一　大兴东北，昌平县界，冯家营附近。

二　安次北五十里大兴界，附近有武家营。

三　香河南十六里，近太平庄，又东北宝坻界上，有杨回回庄。

四　通县南七十里武清界，附近有半截街、普济闸、北坝，均有回民百余家。

大兴县回回营，他教人呼曰回子营，回教徒必自称回回。

回回陀山

在昌平西北二十八里。

回回坟

宛平县三里河。

通县回回坟。

按回教之丧礼，由阿訇诵经，有缠哈布塔各种，小有同异，送葬不用乐，不用纸人纸马冥器，则天方与天竺异俗也，开吊成服丁艰，久已化同于孔教也。

各乡镇回教发达处

石匣营　回教徒聚居者百余家，古北口大道，回民由蒙古贩牛马羊者所经。

穆家峪　回家著姓，古北口要道，所有税关内执事者，多系回民。

康营　回民既众，气质强悍，有猛男精进之象，然易滋事，孤柳树则汉回杂居。

下店　通县属，其地回民善养牛，滋生易而茁壮，京师所需牛肉，多购于此。

马店　回民著姓，善养羊，京师所需羊肉多取之此，汤羊及五香羊肉尤美。

第七十七章　耶教

京师各县，天主耶稣新旧教并盛，如涿县天主教堂，峙立于东大街，福音教堂，接近于西大街。顺义民俗最纯，信孔教最坚，虽有耶稣教徒，来县传教宣讲，竟无一人往听，城内租设一教堂，不久即废，乡间亦无教民杂居。盖庚子以前，教民挟外人势力，不免欺压平民，或因地方官听断不平，或因地方世族，依势凌人，以致人民以教堂为逋逃薮，教案屡起，以致庚子义和拳之奇变。此后中国官绅，既渐悉世界各国之大势；传教牧师，亦晓然于民可劝不可逼也。医院学堂，有益于人，中西文化渐可一致。

天主教之最盛地

宛平西之桑峪　为农民信天主教最多之处。桑峪在西山深处，汤若望、南怀仁，藉游山以布教，今西人游历者，日日不绝，无怪各县山僻，多有天主堂也。

长辛店之车站　京汉铁路开始，雇用法人，即重法文，法国工师所至，牧师亦依付以至焉，工人受工师之指挥，久则受工师之感化，同教之徒相援汇进矣。

通县河东贾家疃　天主堂有神父二人，教徒极多，庚子之役，拳匪围攻不下。

耶稣教最盛之地

通县　新城南门外迤西，北至城内，开一便门，南至铁路，纵横里余，无异于租界，协和大学校、潞河中学校，各一处，又有女学，成立甚早。

永清　教会亦设立中学校一处，附有高等小学校及国民学校，自成一系统，颇注重英文算学，而国文之程度低浅，不可问矣。

三间房　京师赴通县之大路，与京师通县教会，连为一气，有教堂，教民聚居，亦自成一风气，黄厂、神树，皆有分会，并属于通县。

杨村　福音堂系由天津分支，其青年子弟，多入天津青年会，现在新青年思想，有离弃一切宗教者，亦非福音教之福也。

东正教传播之地

丰台　偶有京师俄国教堂牧师，至此传教，信徒寥寥，不过数十人。大抵俄罗斯牛录旗人，自俄国失败，生计大困，有由丰台一带，散于四方以谋生者，然贫困而不改其宗教，可见其信仰之坚矣。

第七十八章　杂教

顺天旧府，本有阴阳学，已久废，惟天文生择日择地，在旧社会占有无形大势力，凡官员之起程上任，人民之婚嫁丧葬，莫不惟其言是听。迩来都市之迷信，尚不能破除，外县乡村全用旧历，阴阳家者流，仍持其吉凶祸福之说，以蛊惑黔首，使人疑而多畏。或代人祈祷治病，殆出于上古巫教，故圣人以巫医并列。为子妇者，或以祷天割股疗亲，乡党称孝焉。在理教亦以严禁烟酒为教也。算命、看相、卜卦、圆光、测字，以谋食者，殆与西教牧师，蒙古喇嘛，衣食于良民无异。惟白莲、八卦、义和拳各邪教，则法律所必禁也。

龙王将军　永定河沿岸，有河神以龙王或将军为名，其现身则一小蛇而已，乡人识某蛇为某王，某蛇为某将军，有与黄河同名者。乡人以香盘迎之入庙，演戏时对蛇唱戏名，蛇若点首，即为点戏，为中国河工最特别之杂教。

接龙王　夏季若旱，乡间必接龙王，置之烈日中，降雨则演戏酬之。僧道皆祷雨，而不知经营林业以培水源也。

在理教　不吸烟，不饮酒，托之于观世音，而不能戒杀，食肉如常，是非佛教，而为杂教也。

过阴　多妇女为之，催眠术之一也。自以为能知人生死，并代人借寿求福，并为人求子，至娘娘庙拴娃娃，既生子，则小康之家，或索谢百金，或敲诈无已。

顶香　或托言仙姑，或托言狐狸及蛇，能治病痛。令病家或病人祈祷，给以香灰，亦因轻病勿药可愈者，则数日后自然精神恢复；或愚民脑筋简单，谓神可恃，则心病先去，而顶香者遂擅神效之名，求者益多；其致死者，则委之命数，谓其不诚也。

财神爷　儒教罕言利，僧道出世亦戒贪。乡民争敬财神，或以关帝为武财神者，岂知关圣亦以义重。年画所画财神像，左手执鞭，权也，右执元宝，利也，表示把持权利者，如骑虎背。惜乡人不悟，而当局者尤不悟也。

冥器　涂车刍灵，自古有之，车船轿马，三教通用，改用洋式，日骛新奇。近见丧家发引，而金童玉女，手捧灯盘，凡吸鸦片烟之具无不备，可推知死者为烟鬼也。

鼓书　僧道诵经，以鼓乐为仪式，为死者忏悔，已近迷信，今乃有于送葬之前，用打鼓书名曰坐夜，始而唱《二十四孝》，尤为近理，继而杂以诲淫诲盗之剧，未免不伦。

139~156

第十八篇　教育

18.

教育

第七十九章 蒙养

京兆各县，蒙养、保姆，尚未发达。梅厂村志成女学，附设一处，实开风气之先，足资模范。三河乳媪，知保卫而无学。蓟县俗美，女子读书，已成习惯，未入学之孩童，在家庭已得良好之导师。至于特设蒙养园，保育幼稚者，京师不过四所，京兆各县惟通县女师范有之，教会女学间有之，设备未完，其他标列蒙养学校者，大抵为塾师蒙馆。凡十岁上下不识字学生，皆谓之蒙童，初识字则谓之发蒙，或自以为训蒙、启蒙，蒙师大抵勤俭谨饬，而学识卑浅，然颇得乡民信用，教育未普及之时，正赖私塾之改良耳。

京兆蒙养之旧习，合于新理者

唱歌 各县童谣不同，妇人教孺子，先唱歌，有说话未完全，而能唱三四句歌者。

谈话 各县童话，每近于神话，如杨家将征辽，张飞卖肉，多以英雄谈，勖军国民。

手工 村塾儿童，无不能摺纸帽、纸袴，各种纸细工者，并不由教授，由于自动。

游戏 僻壤儿童群聚，共同游戏，必有规矩秩序，不待保傅监督，而竞争恐后。

京兆蒙师之优点

改良私塾，宜禁阅诲淫诲盗小说，不可禁经书及习字善本。

读书　大抵先读《论语》，俾学生先习于孝悌二字，可以居家，可以居乡。次读《孟子》，严辨义利。异于今世，争权利而不服义务，是以各乡耆旧礼重之；异于官学教员，自以为差事，嫌地方瘠苦，薪水菲薄，改途作录事书记也。

习字　塾师习字成绩，或优于小学，近日有以《三字经》《百家姓》《千家文》，为字课者。

《三字经》宋王伯厚撰，垂五百余年，经多数国民诵习，温席让梨，尤修身之范。

《百家姓》贫儿识此，可以挂往来账，可记他人之姓氏，实用主义，办迁举尤便。

《千家文》，真草《千字文》，四体《千字文》，既令学生识草字及篆隶，又有益于编号。

杂字　四言、六言不等，如戥字砝码之类，往往为经籍所无，教科所无，而有用。

京兆蒙师之劣点

不明国体　如习字帖，童子诗，尚用"八卦定君臣"之字样，今警察始干涉之。

迷信神仙　如习字帖中尚有"洞中方七日，世上几千年"字样，荒唐无据。

不求清洁　违至圣洒扫之训，多不能扫除一室。蓬首垢面，衣破不补者。

第八十章　女学

京兆公立第一女子师范学校，设于通县。盖京师女学，多各省宦家，八旗旧族，虽毕业往往不尽义务，且不堪外县之苦，更无论各乡也。通县绾合京东及东北东南各县，交通便利，天足之风气先开，女学较盛，易于升学，各县女生肄业于此，用费比京师稍减，可保持家庭经济。初名女子师范讲习所，上年招预科，今升本科，按年递进，已九十五人。至各县女子小学，凡六十处。叠经京兆尹令行切实计划，并在公署设模范女子小学。涿县袁知事贤母，曾太夫人，著女学篇，中馈录，有裨家政，女学界之灵光独存焉。

京兆模范女学校

京兆尹公署之西，有学生百余人，分为三班，计三教室，高等小学一班，国民二班，皆复式编制，每班二级，教员皆用女师范毕业，校长以端谨夙学任之。

京兆公立第一女子师范学校

通县通永道旧署，校舍足资拓充。将来预科一级，本科四级，仍可附设讲习科。今已附设职业班，及附设高等小学校，由国民学校毕业升办，管教有方，成绩优美。

京兆女子师范讲习科

毕业生四十名，已届二年修业，堪充女子小学师资，其籍贯比例如下：

通县九　房山五　大兴五　香河四　宛平三　良乡二　固安二
涿县二　武清二　安次　蓟县　怀柔　密云　昌平　以上各一

县立女子高等小学校

大兴、宛平　开办较早，其余各县亦次第进行。

房山　女教员教授合法，设备尚不免缺略。

霸县　高小附女子实业侍习所，试办花边仿山东办理。

蓟县　高小老儒教授，全县女学共十七处。

密云　租屋狭窄，高小附国民各一级。

昌平　高小八人，国民管教员尚孚人望。

武清　高等两校模范女国民亦多。

县立女子国民学校

香河　县较严肃，北冈村后延寺教授尚勤。

通县　县校名潞贞国文，优长私校名普育。

怀柔　白衣庵父女合教，校风安静，欠讲解。

宝坻　用启发式，有器械操。

永清　曾樊氏捐遗产二十二亩为基产。

良乡　县城内只一校，已撤换不力之教员。

三河　东街女生多非天足，尚朴质。

平谷　耿贾氏捐基金创办。

按：国民学校，男女同校，本无女子国民学校名目，各县特设女子国民学校，即县立女子高小学校之基。国民教育，必男女同等，乃能普及也。

第八十一章　小学

京兆区域各小学，异常发达，人数加倍，进步之捷，或非他省所能及。且教育部甄别小学教员，亦自京兆各县为始，惟每县兴学虽多，合格教员，实不易得，每县报考教员，或少至数人，部员赴各县考试，尚嫌周折。今高等小学已六十，国民学校已近二千，凡六万人，惟县治小学，人数太少。吾国将以京兆为模范省，愿各县小学教育家，共成一完全之小学，容千人以上者，为模范焉。

大兴　高等小学六所，国民一百〇四所。

宛平　高等小学十所，国民一百五十所。

涿县　高等小学一所，国民七十七所。

良乡　高小三级，附国民二级，国民五十四所。窦店镇课乡土志，吕植编，颇切实用。

房山　高小二所，一在县，一在上万村，国民六十六所，数年无进步。

通县　高小因潞河书院旧址，西集镇亦升高小，国民一百九十三所。

三河　县城、夏垫、皇庄高小三校，国民一百〇七所，进步亦速。

宝坻　高小二教室容三级，人额少国民五十所，因于水灾也。

蓟县　高小有县城桑梓第三乡三所，国民一百三十四所，进步甚速，有未剪发者。

香河　高等小学二所，国民五十四所。

武清　高等小学十所，国民一百一十八所，进步亦速。

安次　高等小学三所，国民九十七所，县城而外，第四五区为盛。

永清　高等小学一所，国民四十四所，拟增公立高小一所。

固安　高等小学一所，国民七十所，内有有设高小班号两等者三所。

霸县　高等小学附于师范，国民一百所。两班者，信安镇有永霸合立高等小学校。

平谷 高等小学增费，国民二十六所，称模范者，二余改为补助。

顺义 高小二校，一在城，一在牛栏山，国民学校一百二十五所，进步较速。

密云 高等小学一校，国民六十所。

怀柔 高小只容二班，国民二十九所，提拨留养局河工，粥厂、林局各款，梢图拓充。

昌平 高等小学一校，国民八十九所，县教育参观园，日记颇详，区教育亦然。

第八十二章 中学

京兆中学，始于顺天中学，曾升为顺天高等学堂，民国成立，改为京兆公立第一中学校；又于黄村，设第二中学；通县设第三中学；顺义县之牛栏山设第四中学；又宝坻蓟县于宝蓟交界新集镇设宝蓟中学，共为五中学。规模以第一校为完备，第二校地势弘敞，是两校生徒众多。通县第三中学，附有师范两班，牛栏山第四中学，校舍新建西式大楼，为京北之冠。宝蓟中学，于民国五年经王京兆，拨款补助，扩充校舍。其他，通县、永清有教会所立中学会。教育会提议有裁并中学，扩充师范者，京兆人多数心理也。

公立第一中学校 在京师地安门外兵将局，现有学生四班，按年毕业，按年升班。校舍二百余间，经费每月由财政厅支领，五百八十元，图书仪器具备。现附设武术传习所，学生一班。

公立第二中学校 在黄村，部视学考察，学生程度参差，应加甄别。校舍宽阔，曾拟移第一师范于此，或拟将大宛县立黄村高等小学校附入，预备按年递升，以八级为额。

公立第三中学校　在通县，因办学之经验，体察地方特别之情形，拟定减去手工，及文学源流，增加簿记，及论理大纲，并于时数上略有增减，次序上略有变更，咨教育部核准。又校内附设师范讲习所，职员由本校兼任，另聘主任教员二人。

公立第四中学校　在顺义牛栏山，由北路各县筹拨常款，密云已称地方瘠苦，勉为资助。校舍在本镇南门外，膳费月三元，比城市为廉。植树节种树，并垦地种植，及组织贩卖部，以提倡课外作业，有照片印行。

宝蓟两县联合公立中学校　在新集镇西南，达官屯北，由兴善寺改设。民国七年，共学生三班，第一班毕业，因经费支绌，未添新生，今存两班，校舍八十余间。校旁学园，广植菜蔬，足供全校学生之用，是以膳费比各校为最廉，每月不过二元。

女子中学校之筹办　全国中学校长在京会议议决，女子中学校已立者，宜扩充内容，未立者宜扩充校数。京兆女子高等小学毕业生日多，京师高等女子师范附属一，公立一。全国仅女中学十，不敷升学。若京兆各县，应就女学发达之县，升办中学。现教育部通咨各省设法筹办，京兆教育家，当积极进行也。

第八十三章　职业

京兆各县教育，初时多注重高等小学，鲜能尽力于乙种实业，此中国各省区，同一弱点，国人当尽力以改良者也。教育部视学考查，武清乙种农校试验场，地含碱质，种植不宜。顺义乙种农业试验场，不敷应用。通县乙种商业学校，于商业用品，设备毫无，管理员于农商二科，鲜有心得，尚知提倡实业教育。其他各县，应视地方情形，预为计划，次第筹力。近年三河县添设乙种农业学校二处，通县添设乙种工业学校一处，其他各县亦注重实用，筹备进行。甲种农业学校，经费支绌，将林科并入农科矣。

农业

武清　农科四十人，岁支一千八百元，今渐减，尚拟增蚕科、水产科，官地九十亩。

顺义　学生一级，岁支一千一百元，官地五十亩，经济模范农场，栽植各种苗木。

三河　段家岭、张各庄，均由乡立国民学校升办，就近从老农实习，经验必多。

房山　长沟峪，煤斤加价，充农学经费。

蓟县　师范讲习完毕，移款办理农学。

固安　六年席列入预算，七年度减去。

通县　新城清凉庵，款绌不能持久。

工业

通县　最新成立，在商校之后，因工艺必须设备特别教室，及器械，开办费较多。通县新城水月院贫儿学校手工，作草帽辫，并取废邮票、纸烟盒，作有用标本。各县高小，多延长时间，顺义编草帽，固安造柳器，房山制石板、石笔，均切实用。

商业

通县　学额五十人，而实招者只三十二人，平时尚多缺席。校址在新城清凉庵，教室三间，单级二组，岁支只约五百元，不免迁就。校长出身师范，教员出身大学预科，学生未能实习，宜以半日读书，半日负贩之贫儿，实行生活教育。

香河　商会公立国民学校，精神整肃，为县城各校冠，拟渐升乙种商业学校。

甲种农业学校

黄村　京兆第二届教育行政会议，京兆向无实业学校，于七年春假前开农科一班，暑假后开林科一班，嗣将林科并入农科，计两班全年经费五千余元，聘用专门教员不易，宜实践不托空谈，乃学生四十人，渐报称六十人。

第八十四章　师范

昔顺天府创办师范之始，四路同知，各设一校，各县亦设所传习，改良私塾。民国以来规定京师公立第一师范学校于卢沟桥，大兴县立师范讲习所，毕业四十人，均能服务。宛平县在民国五年，第七区无一学校，八区只小学二处，汤知事设师范为就地培材之计，今七区已十三校，八区已四十校，足见注重师范之效也。公立师范学校恐师范第一部年限过长，难应急需，特照定章，设第二部，毕业成绩，亦尚及格，经教育部，核准备案，今公立第一校，班次犹未能衔接，仍在通县中学校，设讲习科。

京兆公立第一师范学校

卢沟桥一所，部视学查视，以为校址狭隘，有学生三级，已无隙地，以京兆二十县计之，约有小学二千，只恃此校，以培养师资，供求实难相副，是以添设第二部。

各县师范讲习所

共十八所，凡六百人。然年限太促，恐难收良好效果。今拟就各属适中地方，开夏期讲习会，及各学科研究会，以资补习。未设讲习所之县，仍宜增设，已设之县，仍继续开班。至于公立师范学校，附设讲习科毕业，已改设第二部。

巡回教员

教育部咨，酌许巡回教员，以资改良，今由京兆尹公署教育科选各县得力教员，加以讲习。又由省视学指导，参观京师优良之小学，以便仿行。

霸县组织二年师范讲习所

京兆各属学校，以霸县为最发达。原拟就高等小学毕业，升办中学，仍附高等小学。部视学意见，以为开办中学，不如增设二年师范讲习所，即将高等小学毕业，年龄较高者，及有小学教员，入所讲习。

第二部入学资格

凡一年半简易师范毕业，及高等小学毕业，又入师范讲习一年毕业者，皆得与考，与中学毕业生，均入第二部。拟仿照直隶办法，变通部章，经部咨核准。

北京师范学生野外演习野战兵操

东军幕宿大汤山，西军幕宿小汤山，战斗地在萧家庄一带。

第八十五章　社会

京兆各县，通俗图书馆，建置于公园之中者，以通县潞河公园所设为著，水环三面，柳植四园，储藏通俗图书略备，为各县倡。霸县、武清、永清、密云、三河等县，亦成立较早，其他亦继续筹办。盖通俗图书馆，为图书馆最易举办者。如果公德日发达，则各县必有大图书馆，有财力者博采群籍，任人观览，则地方学术必发达。通俗讲演，早经传习，由国库补助，而各县讲演者，尚不甚发达，宜佐以音乐鼓词，及幻灯之类，改良年画，苟办理得法，且可以获利，宜从印年画处着手，则八千二百余村，不难家喻户晓也。

通俗讲演传习所　各县选送学员二百人，传习两月毕业，四籍服务。

各县通俗讲演　城区二人，乡区四人，至八人不等。

刊布讲演汇录　京兆尹公署，附通俗书说编纂会，月分两期刊布。

注音字母半日学校　以传习生为讲员，酌设露天学校。

通俗图书馆　各县城均须设一处，务以京师教育部，通俗图书馆为模范。

阅报所　京兆尹公署，已颁发简章，通令已成者，力加整顿，未成者迅速组织。

京兆教育之集会

京兆教育会　设于京兆公立第一中学校内，会长常川住会，经常经费极省，由京兆尹公署，岁补助六百元，请定留欧美专额三名，留东七名，尤为有益。

教育行政会议　集合各县各公立学校教育行政人员，会议教育进行事宜，系由京兆尹临时召集。

各县教育会　各县多虚设，蓟县补助教育最得力，各县最缺乏者有二端。

研究学术　关于小学教科，乡土实用，鲜有合群讨论，著之学说者。

交纳会费　入会费，常年费，缴纳者十无一二，不能合力创一有益之公举。

京兆出版物

《京兆公报》 公署发行，每月四册。

《顺义公报》 每月三册，学警自治人员组织。

《京兆新报》 民国七年四月二十九日。在公署立案。

《山居琐言》 蓟县王翼之著，留心树艺，加意培养，足资应用。

京兆新著作

《通县志》《永清县志》，均设局纂修。

第八十六章　学款

京兆学款，总共岁出三十八万元。各县有地方款项审核会，区董、劝学所长、警佐、办理自治人员、商会会长、会计经理处经理员，共组成之。而教育为其一股，与自治、财政、警察并重。以稽出纳，有违章舞弊者，得呈请县知事查办。顺直省议会咨，地方学警费，有每亩加铜二三枚或四五枚，嗣后征收铜元，仍开发铜元，并将收支各数，张贴学校、警察所，及庄村集镇，使人周知，以昭核实。然款以基金为最难，公产学田尤重也。

大兴　出入多系中交纸币，结存自治之款，作通俗讲演之款。

宛平　汤知事利用烟苗罚款，立七八区师范讲习所。

涿县　前任朱知事，借劝学所高小基金，交商会办平粜，延宕未还，劝学所呈催归款。

良乡　学款多各校自行经理，已成习惯，遽归会计处，征解支领，均觉鞭长莫及。

房山　地方视学款为利薮，互相争执，学款转因以低减，学校无从推广。

通县　岁支三万一千余元，以随粮带征及青苗合款为重，戏捐、牙行捐、粮捐等次之。

三河　大秋习惯放假，学费按三季交纳，学生纳费，按地亩为差，不及十亩免收费。

宝坻　年荒费绌，勉力支持，亦见热心。地租、房租利息，学费摊款，或各校自行经理。

蓟县　武营公产、庙产有地一顷六十四亩，乡学有荆条捐、硝捐、冰块规费，酆中用地。

香河　高小地租，足用有余，各区有线捐、猪捐、庙会地皮捐，水灾后得牙行附税。

武清　地方附加税多至六项，杂项税捐，多至十五项，而学款收入，亦在万元上下。

安次　旧有文昌会之目，路家营、落垡、葛渔、旧州、堤上营学校，每年皆有基金生息。

永清　仿安霸增牲畜附税，国民学校每人给教员津贴五角，女学加倍，以示提倡。

固安　无虚领虚解，出入款项，均以现洋为主，制钱铜元，按市价合算。

霸县　捐教育费，拨用充公款项，以为提倡，各区高小收学费，青苗会加费较多。

平谷　棉花捐酌加四文，以济学款。将来教育团公有林成林，基金必富。

顺义　国家补助讲演，高小有发商生息基金，带征不敷，由各村自行筹办。

密云　税契、串底、戏捐，代征学款。乙种实业，中辍，屯豆折价充作女学经费。

怀柔　高小公款息、公产租、模范公款、女学公产，皆有基本收益。劝学所杂捐、果捐。

昌平　民地随粮带征，每亩铜元二枚，旗地能仿行，收入自倍，现岁支一万八千元。

第八十七章　劝学

京兆各县，均设劝学所。然劝学所长，多数热心兴学，对于各乡学，或乏统制之实力，仍视地方官为转移。京兆尹笃志兴学，各县知事，一致进行，虽迟速不同，尚无退敛收缩之象，不比他省，有督军为教育之阻力也。通县议定每有百户之村，皆须成立学校一处，居是村者，凡有土地三十亩之家，所有学童，均须纳费入学，其纳费则比例财产之多寡，而定责成；各区董村长，皆遵照办理。由七十校，增至百八十校，可为法也。

大兴　县署东南城隍庙，地方会计经理处，亦设于此，不愧为劝善设教之地。

宛平　县署之东，知事汤铭鼐，所长崔畏三，近年拓充小学五十余处，得警察补助。

涿县　劝学所于教育费，岁有增益。

良乡　知事亲查乡间学校，不辞劳瘁，精神颇振，惟水灾以后，艰于进行。

房山　地方官不敢厉行干涉，绅士互存意见，师范生回籍考察，以为不如前清。

通县　知事李杜推广国民学校百十余处，奖银质棠荫章，教员股员，亦尽力襄助。

三河　知事汪仁博，调查公款，干涉私塾，推广学校，力求进步。

宝坻　知事劝学所，调查公产五六十处，可拓小学五六十校，水灾奇重，遂成画饼。

蓟县　知事茹临元，教育股员衡信，尽心擘划，公款公产，必据劝学所教会报告。

香河　知事翁之铨，推广国民学校，由十四处达五十五处，学生三百增至千六百。

武清　知事杨年，提倡得力，露天学校亦成。

安次　知事陆嘉藻，教育所长张培度，勇于任事。

永清　所长昝荫槐，热心兴学，成绩卓著，给金色奖章，劝学员杨敬舆褒状。

固安　奖励私立学校施行细则，未设学校村庄，由劝学员切实劝导，由县款补助。

霸县　知事唐肯，增国民学校九十余处，半日学校百处，奖金质棠荫章。

平谷　僻居深山，劝导不易，先从改良私塾入手。

顺义　知事唐玉书，创师范讲习所、乙种农校，推广国民八十校，奖五等嘉禾章。

密云　奇零村落，设学为难，奇零地亩，亦请免征学费，主张严格整顿。

怀柔　支配校数，筹备校址，整顿学款，划一教科，划一校具，考试塾师，均得要领。

昌平　知事局长，捐赀兴学，为一邑倡。有翁朱私立国民学校，所长曾习优级师范。

第八十八章　视学

京兆视学二人，常驻京兆教育会，日至京兆尹公署教育科办公，每年巡视二十县，每人十县，次年彼此互易，是以两视学无不周历全区，且遍历村镇。盖除假期外，约计月至一县，可以从容考察，指导改良，比部视学一人察数省，省视学每人查一道数十县者，实加密焉。报告进行状况，足资策励。今汇择各县，各校成绩之优良者扬榷之，愿在核职教员，集众人之长，以垂范焉。

大兴　首善之邑，教员易得，高小教员，多由京派往。

宛平　劝学员下乡奔走勤劳，为地方任事，多能尽心。

涿县　女子国民学校，有良好模范人物，耆德康疆，后起之保姆，有陶冶新国民之力。

良乡　各校纯恃本村公产及学费，无求于县，基本较固，但县署整顿之力亦较薄。

房山　退化原因，以学类低减，地方官又纯取放任主义，遂无以维持。

通县　理科仪器略备，积极进行，新立各校，仍重读经，商民仍以百家姓杂字为必需。

三河　小学教员讲习会，批评记录，尚能实心研究，颇多见到之语。

宝坻　地方素重读书，高小历史课特详，水灾后私塾仍多，鄮庄乡校，因渔业拓充。

蓟县　高小三级教室弘敞，书器略备。乡学国文能自动，邦均镇升学，朝气正浓。

香河　高小管教合法，学生甚少，第五区打鹌户村国民学生，不及十龄，讲演明快。

武清　高等小学多至十处，女子高等小学二处，国民程度，实比他县较高。

安次　讲演员已核减，通俗教育遽难发达，学校尚朴。

永清　高小添聘武术教员。

固安　夙学尚实务农，近年学生向学者多。

霸县　理科用品，设备可观，为他县所不及。师范讲习，由高等小学升，科学智识完全。

平谷　假期讲习会备教员研究，塾师传习所，照章改良，优者给奖金，尤严禁旷课。

顺义　高小暂租民宅，牛栏山高小，改居庙宇。学生能校正教科书误处，足见细心。

密云　教员辑高等小学教科集字，厘正字体，练习学科，一举两得，著《学务进行录》。

怀柔　开办教育观摩会，且试办苗圃栽树种桑，渐趋重于农学，勒令学生剪发。

昌平　高小校风尚肃，模范国民，业已次第剪发。辛庄有麦假，塾师传习，庶几改良。

157~181

第十九篇 实业

19.

实业

第八十九章　农场

京兆农林总局，在安定门外地坛。京兆农会，附于西什库京师农务总会，农作场悉交各农会管。前明皇亲、驸马、公侯、内监、庄田，清初给八旗将士。无主荒田，避兵流散者亦圈占，嗣因八旗拱卫京师，由部遣官圈占，近京五百里内民田，开除粮额，分给旗丁，将远处庄田拨补，人民畏惧，有带地投旗为奴，即除粮归旗圈。及内务府官庄，五千余顷，宗室庄田共万三千顷，八旗圈地，十四万顷。旗员性懒，归民人佃种，不得增租夺佃，推佃既多，渐成民田，宗室照原租十倍变卖租籽地矣。

土壤　沙质壤土最多，山中粒质土多，不能种蔬菜，能栽果树，黄土或优于黑土。

淤泥　决河放淤，以肥其地，只图私利，不顾公益，宜加禁止。宝坻鲫鱼淘，多淤肥。

水田　西山之东，农校一带，播江南之晚稻，收获最良。宝坻水灾，收成只五分余。

旱地　民间以靠天祈雨为事，近年收成，昌平只五分，怀柔六分，耕地多用驴马。

经济　京兆经济模范农场，先由顺义、武清试办，总以不失原投之资本为目的。

京兆农产物

香稻　玉泉山为最，即早稻，又名御稻，初由丰泽园植玉田种，两种而两熟。

香河稻　有粳稻、糯稻、水稻、旱稻四种，然南方呼稻米，北方则呼为粳米。

齐头白　大白芒　皆京师农业专门学校认定嘉种，昌平优米、房山红稻并佳。

石窝稻　出房山，色白味香，虽盛暑经数宿不馊。昌平赵各庄黏虫能害稻。

杂粮　粟即高粱，黍即小米，稷即穈子；豆类则黄豆、青豆、蚕豆，京西六郎庄为盛。

烟叶　昌平最优，但油分较少，初白浮山为良，后城中尤胜。

京兆农产物之籽种可改良者

美棉　可纺细纱，结实亦多，惟遇风沙，品质稍逊，宛平各村，领美棉种已一万斤。

美麦　本地每亩收麦三斗，美麦可收一石四五斗，又美国玉蜀黍，可代小麦面。

苘麻　即线麻，京兆农会试验场，年来试验成品极佳，将来可代丝织品。

蓼蓝　野生者多，京兆农会试验场制靛，并以化学分析，造各种染料。

糖萝卜　可大三十余斤，宜于制糖，京兆各地皆宜，日耳曼种也。

第九十章　林场

京兆造林，以六十万户计，岁可增六十万株。西北各山，芦笳响断，何处榆林，羌笛吹来，无复杨柳。蒙古大沙漠风力，遂输送风沙，五百年后，将变为沙漠。且有伐昌平陵树分肥者，有盗伐堤柳者，京东泛滥，其远源皆来自长城之外。不涵养水源，则岁岁患潦。既无大森林以吸收水气以致雨，则岁岁患旱。然北方竹林极少，而昌平城东麻子港甚繁，且有竹笋可食，亦在人力而已。京兆种树，欲成巨材，则剪去旁枝，独扶正干，所谓强干弱枝也；欲蓄枝条，则去其中干，因悟中央集权，地方分权，作如是观。

京兆林产物之著者

香椿　京西最香，京东则少，乃土质之关系，春日椿芽，用为蔬菜。

胡桃　其木甚坚，可以雕刻玩具。

檀　白檀非岭南檀香，伐为车，檀州以此名。

马缨　红花覆绿叶上，如马缨然，又名夜合槐，京兆道旁之树，用以点缀夙景。

银杏　即白果树，潭柘寺之白果树，俗名帝王树，其数与帝王相应，合抱而为一。

桑　楼桑之椹，倍于恒桑，房山所产山桑曰欋，又有柞树，亦可放山蚕。

马尾松　即果子松，形如马尾而常绿，生盘山者以百万计，石罅中作老龙形。

黄松　凡建筑栋梁以黄松为最，四山多产之，其质较细。楸梓皆产于盘山。

白杨　多用之以为寿材，将来可作为火柴之杆及牙签，或名椵，别有青杨一种。

翠柳　专为堤路之用，铁路两旁，渐已成荫，房山河柳，古之柽也。

枫　为装饰品之材料。

杶　顺义县所产，有南杶园、北杶园。

榆　为树庄前后美荫，每多历年所，固安、昌平多刺榆。

娑罗树　香山卧佛寺。

柏　古庙古墓附近多有之，宝坻朝霞村古柏，为后唐赵德钧镇芦台时手植。

京兆试种各林产

德国槐　发生最速，西什库夹道，早已成林，京兆造林场，在安定门外者十万株。

樽楞　蓟县上方最古，房山、怀柔名曰橡栎子。为橡斗，可染皂，木可为梳，皮有胶。

京兆森林事务所

设于地坛林场四所，分技术、事务二部，订服务规则甚详。

一安定门外土城　二卢沟桥　三小黄林西山　四密云

京兆教育团公有林

总事务所，在京兆教育会，分事务在各县劝学所。

第九十一章　蔬圃

京兆地方，距京师愈近者，需用蔬菜愈多，是以附郭蔬圃，比农田尤多。每菜园一亩，其价值，或十倍于薄田，其蔬产之价值，亦十倍于谷麦，所以种蔬者种类实繁。然农夫但学为农，未学为圃者，歆羡其利而不敢改业也。盖专门之中，又有专门。盖蔬圃所施肥料多，人工亦多，凡性懒力薄之人，不能为也。如韭菜根须植之多年，年年割之，年年壅肥以护之。其他或轮种，或移种，法各不同。学为圃者闻老圃之经验，惜乎不能笔之于书也。京兆农会之试验，视蔬圃尤重农田，有地八十亩，种蔬者居其泰半焉。

京兆蔬菜种类之佳者

葱　最长者二尺许，出西郊。

蒜　有紫色种，出顺义。

黄芽白菜　坚实细腻，古之菘，能耐寒也。有日本、法国两种，俗名洋白菜。

茄　最大者重三四斤。

菱瓜　最大者重十四五斤。

豇豆　最长者有十八粒。

撇兰　来自张家口。至二三斤即裂，不如张家口。有重四五十斤者，昌平作擘蓝。

柿子椒　辣椒红色，与柿子略相似。

水萝卜　冬日用之以解煤毒，以西直门至海淀一带，所产尤美。

芫荽　一作胡荽，产固安最香，《昌平志》作蒝荽，都人呼为香菜。

莙荙　俗名甜菜，或作蓁菜，平谷多产之。

芸苔　冬日种，至春日起苔，俗名油菜。

蒌蒿　固安通作茼蒿。

菠薐　宛平乡人或呼为红根菜，即菠菜。

蔓菁　盘山所产，即诸葛菜，野蔬最早，其根苦，《诗》所采之葑也。

薯蓣　即山药，又有甘藷即番薯。良乡、涿县山中，或种之以代粮。

木耳　昌平银山木耳最著名。

蘑菇　盘山有松蘑黄色，延寿蘑紫色，京蘑白色，近于长城者曰口蘑。

龙须菜　盘山所产即知母苗。

屈麻菜　《顺义志》特产。

第九十二章　花园

京兆地方居民，虽三间茅屋，半亩庭除，妇人孺子，亦喜种花，家庭最易繁殖，其花高大，其子众多，且可为儿童食物。宴客果品者，莫若葵花，秋日黄华，比于嘉谷，菊类不能及也；自京兆以北，真能耐朔方之风土者，亦惟葵花也。凤仙为染指甲之用，鸡冠花则老而弥红，皆华而不实。紫藤花在夏日多荫，冬日落叶，可代天蓬，菊花惟身闲者种之。至于水仙、仙人掌，但供几案之用。公园农事试验场所种，品汇繁多，曰榆叶梅，曰夹竹桃，皆取名之类似。花匠营业，芍药、牡丹、玫瑰、茉莉皆获重利，栽花如种田也。

京兆名花列下

芍药　产丰台骆驼庄之间，分销津保一带。鸭子张一家岁获数千元，计种花十余亩，冬日以苇子作风幛而已。

龙眼兰　天桥水池中种之，生极速，开紫蓝花，各县乡间，多有之。

　　梅　京师右安门外十里草桥，居人以植花为业，梅无大本，仅植盆中。

　　蜡梅　隆恩寺小轩，蜡梅一株甚大，江南亦不多得。

　　海棠　宛平有西府、铁茎二种，蓟县有长叶、铁梗二种。

　　玫瑰　宛平西山妙高峰、旸台峰，有玫瑰花田，输出熬糖泡茶，获利甚丰。

　　小绣球　盘山石罅中其花攒簇如球，洁白可爱，但不可移，移之即枯。

　　菊花　盘谷幽菊，黄而大，如葵。城市中之种类，经花匠矫揉造作者，不足比也。

　　八仙　昌平十三陵多产之，一名避麝。

　　牡丹　五色毕备，赤白尤多，昌平人秋分折其枝插之，次年必活且花。

　　荷包牡丹　高丽营移自朝鲜者，今各地多有之。

　　丁香　昌平以北山地高寒处，皆可生活，有紫、白二种，而白者尤香。

　　玉簪　固安有黄、紫、白三种，他处惟白种，昌平曰白鹤仙。

　　合欢　宛平呼为马缨，夹道植之，蓟县名曰夜合，又晚香玉，本西洋种，康熙赐名。

　　敷地锦　盘山所产，一名饭花，高尺许，花丛生，红紫色，味甘可食。

　　胭脂花　通县名草茉莉，昌平曰北茉莉，蓟县曰野茉莉。

　　金银花　盘山里塔峪最多。

　　罂粟　康熙《顺义县志》列云于花类，今严禁种。

第九十三章　工厂

京兆各县工厂，由私人设立者，多在县城巨镇。而规模较大者，以新集镇为最发达，有利生祥纺纱厂、生大铁厂、集粹颜料厂，资本雄厚，比于东南，皆蓟绅虑仲华所提倡。人民自设工厂，以研究力发明应用者，则推普通纺纱工厂，便于家庭工作。至于京兆工业传习所，曾在地安门外京兆第一中学后院开办，另在马尾巴斜街辟门，第一期学生毕业，成品尚优，惜乎中辍，改为武术传习所。官办工厂，惟京兆尹公署后，京兆第一工厂，在分司厅胡同，为各县倡。霸县贫民习艺所，为各县模范，通县亦著。

利生祥纺纱厂　京兆各县，所织爱国布，多购买洋纱，实无异于洋布。今调查最优之地点，建立纱厂，仿武昌、无锡、南通著名大纱厂规模，拓充招股，整顿进行。

生大铁厂　京兆铁工，大抵仅能锤作粗器，炼钢者亦仅有刀剪。今铁厂仿造外洋翻砂各种机器，他日拓充京东铁路，径达热河、洮南者，亦拟自造。

集粹颜料厂　京兆原料饶富，蓼蓝、槐花、红花、胭脂花各种植物可为染料者至多，经始数年，工艺纯熟，出品精良，足为国粹。

普通纺纱工厂　自宛平县西嘉兴寺创始，庞各庄、清河镇次第传习，所用平谷黑子棉，每寸有八百纤维，其色微黄，能纺三十二码以下等纱。农事试验场、试验所产之棉，与平谷同。其香河、三河、武清、通县、顺义、大兴、宛平、杨村、蔡村所产棉，每寸均有七百七八十纤维，能纺二十四码以下之纱，湖北、陕西之棉，不如此之密。

八旗第五工厂　健锐演武厅　八旗第九工厂　包衣旗校场

大同工场　通县西大街，又有贫民工艺传习所。

京兆第一工厂　京兆尹创办，注重工事教育，教授室课程，首重法文，次重图画，以便留学法国，做工求学，用意至深。金工科冶铁、机械，将来可资深造。地毯科成绩甚优，出品尚少。印刷科铅印公报，石印地图，均可获利。纺织科规模太少，染色尚未设备，流动资本，不足万元，预算经费有限，似应注重一二科，庶可获利。

霸县贫民习艺所　县知事召集区董开会，议决从青款加收铜元一枚，作为专款，分等岁捐各村小米，以资补助，暂筹流动资本三千元，采办原料。

霸县工艺传习所　附设造纸工场。

第九十四章　发明

京兆工业尚无最大新发明，而古者三大发明，皆在京兆地方。涿县城中土台旧传黄帝发明指南针之处，今西人测天量地，飞机潜艇，舍此不辨方向，是为世界第一发明。居庸、八达附近，所遗铁炮，列宋元年号，名曰"大将军"者，足见吾京兆人有发明火药能力，今铁路由洞山道，多由炸药轰开，不假西洋工师，虽烟火游戏，不如机关枪炮，然有不杀人之仁德，足为世界第二发明。明永乐宫门抄京报，即用活字版，清时聚珍铜版，比铅字排印尤精，足以发展文化，是为世界第三发明。今新机日出后生，宜自奋也。

京兆最近之发明

童妇纺纱微力机　沈德铨发明，一人可纺六线头，妇孺力小者可学，亦可纺毛。

二十头合股线机　沈德铨发明，妇孺可不学而能。

以上二种均经农商部，准专利五年，现在宛平县署西嘉兴寺，设普通工厂。

电机墨油　王献廷发明，与外货同，为电报机器必需之品，部准专利五年。

竹笔　大兴傅善印，用中国毛笔废竹管，发明竹笔，可蘸洋墨水写西洋文。

梨醋　怀柔山中，产梨之处，凡梨之熟而堕地者，拾之以制醋，甘而微酸，即西人化学果子酸之一种，宛平西山有制杏醋者。

京兆最古之发明

轩辕垂衣裳　平谷渔子山，黄帝陵庙，相传黄帝制衣裳自此始，今种棉者尤勤。

虞帝课灌田　房山西南五十里，虞帝庙，舜北巡至教民浚井，并创辘轳以灌田。

北周景泰蓝　清康熙通州地震，北周舍村塔倒，发现景泰蓝器，明以前早发明。

丰台唐花坞　温床温室，冬日培养夏期植物，唐时幽州人所发明，今丰台最盛。

唐石经拓本　石经山、云居寺、雷音洞、孔雀洞，镌佛经于石壁备拓，先发明石印。

琉璃河釉货　旧日窑货无釉，五代时刘李二人在河滨发明，遂讹刘李为琉璃。

五桂堂木版　窦燕山五子刻五经，冯道称为丹桂五枝芳，五代发明家在窦店。

无敌将军炮　边墙天津关废铁炮，号无敌将军，野老谓为宋初杨业所发明。

齐家司水磨　宛平县西齐家司，远祖有金元间，发明水力机磨，在泰西水法之先。

松花蛋　涿县松林店人，用松枝灰腌蛋，晶莹现松花，明末秘其法，专其利数世。

第九十五章　仿造

京兆各县人民，富于仿造之性质，利之所在，人争趋之。昔在闭关之世，则摹秦仿汉，以为赝鼎，而获巨利；甚至一字一画，亦必仿照前人，且序明临某碑，或仿某某画法；药店之遵古炮制，纸店之仿古精制，所仿者古也，于是工商以资格年老为重，招牌柜台，皆以年老消磨剥蚀为重，抱残守缺，若无价宝。比年舍旧谋新，知世界之趋势，不可独处于闭塞，摹欧仿美，或与欧美一致。然京兆地方所仿造者，究不如江浙等省之多，则提倡国货者，当注意于制造也。

提倡国货之仿造品

红日牌擦面牙粉　海淀瀛洲工艺社制，为国货，牙医徐景文雷公牌均佳者。

玉泉山汽水　玉泉汽水公司制，荷兰外货，绝迹于市。

宝坻爱国布　所用皆新集镇自纺之纱，及天津厂纱，不用洋纱。

梅厂手套　近于天津，传习极易，出品散布武清、安次等县，乡下人工作最结实。

昌平卷烟　用昌平之材质，仿吕宋之形式，正在研究，不久当有大工厂出现。

京兆工艺传习所

造各成品。

人造漆　去油水　印色泥　生发油　牙粉

所造成品，每失之太多而不精，有化学、金工、木工、职工四科，不如专精一种，勿用外国原料，毋泥外国成法，苟独有心得，而他人不能得，始可自立也。

京兆女子仿造西法美术工艺

女子图书研究社　京兆士族女子优美生计，社址在总统府南墙外，分科如下：

木炭画部　水彩画部　火画部　油画部　五色炭画部

女子花边传习所　京师教育会，提倡传习，分设多所，然近于天津各县亦习之。

女子刺绣传习所　霸县城内，由花边传习所改设，岁补助二百元。

女子机器缝绣　胜家缝衣机器，流传极多，女子亦多传习，刺绣器亦便用。

女子织袜　织袜机器，初入中国，每架八十元，今中国自制者，每架只十八元。各县城镇近于京津者，妇女多能用之。

第九十六章　商会

京兆各县城，多有商会，及商事公断处。若长辛店、庞各庄、新集镇各巨镇，商业繁盛之地，亦组织商会，为地方商人代表，凡慈善公益事，亦多由商会办理，地方官长亦赖商会筹地方公款，比其他团体，较有实力。各县商会不分行，但有各行牙纪。京兆向总商会，因京兆最高之行政官在京师，设有京师总商会，未便复设京兆总商会，又全国总商会为主体，京兆各县各镇，当然为主体之一部，自可联络。惜乎商智未开，商学未明，京兆地瘠人多，当如英伦由商业发展，愿商会力为提倡也。

各商会之公益事项

商团　请领枪械，力足以防盗，城镇劫案，不如村庄之多，夜雇更夫巡逻。

水会　公置水龙激桶，各备水桶，襄助救火。

劝捐　凡红十字会，兵灾，他省水旱偏灾，多由商会代收捐款。

会议　各行商董，应一致集议之事，皆于商会公开。

善举　经理各处育婴堂、敬节堂、粥厂公款，保存本利，灾区当商减息，深知大体。

各县商业之比例

各县商业盛衰，老于商业者，谓可以烧锅家数为比例。

通县十七　武清十四　顺义十四　密云十二　宝坻十　蓟县九

大兴八　　三河八　　涿县七　　昌平七　　宛平六　香河六

永清三　　固安三　　安次三　　霸县二　　良乡二　房山一

平谷一　　怀柔无

烟酒公卖分局，分设通县、长辛店、武清、昌平、宝坻五处。京畿水灾，停烧救济。

津海关分局

津海关分局所在地，属京兆地方者，如香河商会，筹款兴学，已著成效，若各商会一致仿行，于正课外，酌加学款，则乙种商业学校，不独通县为重也。

三河县慈善会

知事绅商集捐三千五百二十一元，发商生息，作为慈善基金，施粥、施医药、种牛痘、施棺木、设义茔、修暖厂、助赈务，虽区董之责，亦商家共负之责，各县义当仿行。

第九十七章　商品

京兆所需商品，由天津运入较多，洋布、洋纱、洋烟、洋油充斥于各县城镇。果京兆自设纱厂布厂，俾产棉各县，悉依美棉改良，则十万万之漏卮，可以塞也。就昌平等县所产之烟，自立大烟厂，亦可抵制。开煤日多，电灯减价，由县城推及各巨镇，皆设电灯，自可免洋油之漏卮。其他洋糖、洋酒、洋针、洋钉均不难取本国之商品以代之，京兆所无或不能不取之于各省，京兆之货，有益于民生日用者，亦应推行于各省。今将各省商人，所售各省商品，择要录之，津沪商会但知贩卖洋货者不列焉。

山东　草帽，编制新式草帽，宜为夏日用，京兆各县所制，不如山东之细，茧绸亦韧。

浙江　金华火腿、绍兴酒、嘉湖细点，京兆人嗜之。京兆虽有腌肉、黄酒、饽饽，不知也。

福建　皮丝烟之细，远于昌平。沈绍安、郭庆安漆器之精致，曾教授京兆工人。

安徽　六安茶以京兆为第一销路，不必销于海外、塞外，皖商方、吴、汪已入京兆籍。

江苏　江南丝织品，畅销绸缎大庄，多由批发而来。苏扬商人，包办南席为多。

江西　景德镇瓷器，多为洋器所侵夺，京兆乡民，宝爱国瓷，非都市洋派伟人所及。

湖南　湘绣在京畅销，惟都市为多。浏阳夏布，各县城镇，亦多服用。

四川　建昌花板，制者满汉寿材，富贵人用之。药材则川贝母为著。

云南　宣威火腿、普洱茶及白木耳、熊胆、大理石，药材之云茯苓亦重。

贵州　贵州绸质坚而值钱。朱砂出铜仁，而京兆人仍呼为辰砂。

河南　鲁山绸。

广东　蜡丸。

京兆商品运销出洋者

草帽　发网　最近仿照山东办理。

京兆商品不发展之原由

因广告之缺少，而洋货广告法，亦宜取为注也。

仁丹　清快丸　倭货内侵，茶酒店有小广告，车站城门更大。

英美烟　派律脱、强盗牌，罪恶昭著。吸烟者奈何以身殉之？

京兆商品行销上海者

良乡板栗　牛皮

京兆商品行销加拿大者

花生　花生油　豆　豆油

第九十八章　商场

京兆各县商场，如京师，东安市场、劝业场、新世界、城南游园、宾宴华楼、青云阁者，尚未及推设，惟各城各乡之庙会，其商业之繁盛，或不亚于京师隆福、护国各庙会也。但乡民欲望薄而需用少，是以每年但举行一次，然每次或长至半月十日者，则筹备不易也。每届开庙，各城镇商人，或不远数百里而至，或谓赶庙会，乡俗淳朴，不敢言演戏，藉神诞以演戏，敬神者必远来烧香还愿，看戏者亦藉以寻亲访友，一时荒庙，顿成闹市。寺僧酌收商人租房租地之价，亦足一年之食，交易而退，各得其所焉。

东坝　京东粮食聚集之所，商店林立，收买乡下粮食者，咸以此处粮行为标准。

采育药王庙　四月廿八、上月廿三、九月一，估衣行、农具各用品所萃。

灵潭　又名白马潭，密云东北六十余里。清乾隆建有行宫，殿宇弘敞，潭水不竭。每逢三月三日庙会，热河境内蒙古人，亦来交易。

西峪寺　又名西域寺，在房山县西六十里。寺宇五进，凡二百余间，左右有浮屠，朱门石柱，曾经游幸。每四月八日，为庙会，商贾麋集。

马驹桥南娘娘庙　四月十五日献戏，附近村庄，皆以四月十五日为大节，不以五月五日为节，为一方之特别风俗。

羊坊药王庙　大兴县东南境，海子墙外。每年四月二十八日献戏，附近村庄，以四月二十八日为大节，不再过端午节。距马驹桥只十余里，而乡俗各不同。

东便门外高碑店娘娘之庙　五月五日献戏，百货负贩走集。

董村　通县西南，首驹桥北十五里。每年二月十九日，观音生日，在菩萨庙献戏。昔前清嘉庆末，白莲教林清，即此村人，因庙会集众，号其教曰白莲，林清妇为滑县人，至今土人有"火烧董村，炮打滑县"之语。庙壁烧痕尚在，革命之前驱也。

西集镇　通县市集有高等小学校，藉本镇斗秤捐、大小牙行捐、糖市捐、牛肉摊子捐，岁入一千二百元，尚亏三百元。学生因庙会放假五日之久。

小汤山　创设集市，征收斗秤、牲畜各税，猪三分、骡马牛驴各二分。盖建马路通电话以后商号逐渐增多，市场日渐繁盛，但有在汤山旅馆及巨宅，售吸鸦片者，京师各报，讥小汤山为火焰山，人言可畏，愿富贵骄奢者，稍自敛迹也。

第九十九章　银行

京兆地方银行已成立者，有大宛农工银行，在京师宣武门内东城根，为各省各县之模范。全国农工银行筹备处，即设立于旁，各省各县已设之农工银行，即于此统计焉。通县农工银行，开办最早，成绩卓著。昌平农工银行，亦已得人开办，难而筹款次之。中国银行、交通银行于京兆所属大县巨镇，设立汇兑所，以便经理国库收款，无大利率，是以收缩，不能遽及各县也。海淀、新集、密云、牛栏山商业交易，或胜于小县，汇款存款尚未有大宗也。

中国银行

通县（磁器胡同）　霸县　海淀　涿县　密云　牛栏山

交通银行

通县（鼓楼北大街）　新集　海淀

以上各处汇兑所，皆略似支行雏形，通县较盛。

通县农工银行

三河、香河、平谷农工，亦有至通县者。

昌平农工银行

怀柔、顺义、密云农工，亦有至昌平者。

地方款项存储银行之便

各县设地方会计经理处，惟通、霸两县，完全照章，秩序井井，其地有中国银行，而商号亦殷实，故易于办理。若香河、宝坻、良乡各款，多散在各机关。固安款存县署，未能拨存指定商号。涿县则曾附于警察所，永清则曾附于劝学所，徒拥虚名。盖国立银行，不能普设于各县，寺方款项，稽核终不易矣。

地方银号钱店，近于银行者

平谷县城，商号最少，犹有宝益永一家。地方款项，由地方会计经理处指定存储。盖财政不能公开，必起若大风潮，若能即日榜示，分别划割清楚，则地方绅民，无不悦服。

第一百章　货币

京兆货币，如财政部平市官钱局，所出之铜元票，即明标京兆二字，有拾枚、贰拾枚、肆拾枚、伍拾枚各种。都人以拾枚为一吊，天津人则以伍拾枚为一吊，惟三河县人，独以拾陆枚半为一吊，与各县异。外县流通货币，以站人洋为多，龙元次之，铜元亦通用。乡间仍有制钱，或以制钱八文抵铜元一枚，外国奸商，多赴僻壤收买制钱，毁以为铜，获利至巨。京师中、交两行钞票，乡民用者极少，即现洋票，不论为天津，为张家口，为外国银行，乡民皆不信用也。

东钱　顺义称铜元十枚为六百，原以小铜钱三百三十文为一吊，即京制钱一文当二文者，现顺义每银一元，换东钱八吊有余，京北各县，多如此计算。

老钱　昌平不用东钱，而用老钱，一吊合铜元百枚，即京师钱十吊也。

京钱　两吊京钱，合壹吊老钱，而三吊东钱合一吊京钱，为京北计算简法。

私钱　昔年杂入东钱之内，比官钱轻而薄。

制钱　中外奸商，销毁殆尽，市井犹存其名，乡农节俭，闻有储数十年未用者。

大钱　老钱壹吊，即大钱拾吊，今以铜元折合之。

以上京兆之钱名。

钱票昔甚复杂

各县商家自由发行，国家不过问，可见前清不与民争利也。

当商、布店、粮行、烟店、杂货店，皆可出东钱票，今收拾尽矣。

银块明日现货极多

自银元行，各县现货亦少矣，京兆地方，各县平色，亦不一致也。

元宝　宝块　银锭　松江　其平色有：京平　市平　公砝平　库平

纸币尚未有确实信用

距京师百里之地，虽兑现之银元票，商家亦不乐用。

银元通行于京兆地方者

京师所通用者亦通用之　袁世凯头　北洋造　站人

上海或外省通用者次之　鹰洋极少　各省造　大清银币　北洋机器局造

征收均用现洋　自京师中交停兑，纸币价格益落，收支报解各款，渐改现金，而俗称现洋。惟北洋造者，名义较协各县款，皆以解款作抵，冀免受京钞跌价之损失云。

第百○一章　公司

京兆各属之公司，当以京西之煤矿公司为巨擘。如门头沟煤商，能分立七十二窑，不能合组一煤矿公司。岂非吾民乏共和之道德欤？抑未受完全专门教育，无工师之技能，无营业之智识欤！商家见官场、学界组织公司者，皆以骗局视之，莫肯投资。盖前辙屡覆，资本家相戒。其谨厚者，自营田宅；其不安于乡里者，则存款于外国银行。而中国人自办公司，亦往往私借外款，行与言相违。当提倡国货之时，有外人讥都人之所食之米，所用之煤，亦非完全国货者，国人当瞿然自儆矣。

门头沟煤矿公司

通兴公司　设于前清宣统二年，系华英商股合办，除在门头沟设立采探矿场外，别立营业部于天津矿厂事务，悉由英工程师掌之。直井一，深一千余尺，有升降气机。工人日三角，昼夜分三班，各做工八小时，出煤多则五百吨，少亦三百吨。近采大函①黑煤，供京津家用，每吨成本一元，售洋五元，全场日支约七百三十元。有轻便铁路，由矿场达车站，再由火车运京津，每吨每里运费约二分。

裕懋公司　民国四年立，亦有英商股。初凿龙门坑为水淹，改换商人，在石塔凿一井，见煤三层，设施未备。

宛平矿税局　调查小煤窑七十二，计分十三函，所采者只六函，一小白煤函，属天恩窑，二函煤属人和窑，三腰石函属义兴窑，四大函即通兴公司，五明煤大函，六青交函，大抵运销京师长辛店一带。

---

①函，原文为硐，整理者注。

斋堂煤矿公司

兴业公司　矿区在青龙涧其旁黄土坡，有长胜窑、天益窑，皆出烟煤，可炼铁。

大建公司　矿区同前，在众山中，交通不便，不如门头沟有铁路也。

其他小窑　入地不深，遇水即止，小西天、黑豆港、裂缝沟、马兰、大槽、大麻等并著。

裕华蛋粉公司

在琉璃河，收各站鸡蛋，制成蛋粉，运销出口，黄村亦有此类公司。

玉泉酿酒公司

设于海淀，兼制汽水，颇能畅销。

昌平砂石公司

白庙、香坚两村拟合股创办，但前作五股采运争执未已。

义成运米公司

每石报一元，共报效赈款二十五万元。

第百〇二章　组合

京兆当经济竞争时代，小本营生者危，机械输入以来，人工劳动者危。组合产业，拯救社会，为共和之政本，亦实业最厚之宝力也。海禁大开，大资本家，大企业家，摧残社会，不在国内而在国外，彼方挟其金钱万能、蒸汽万能之势力，吮吸我国民之脂膏。我国民既不能独辟良方，以图制胜，亦当模仿成法，以期抗衡。梅厂村为自治模范，先组织华新有限信用购买贩卖组合，试办简章七十八条，以图经济及产业之发达，殊与社会生计有益。孔子曰：自古皆有死。民无信不立，一村组合，其全国之初基欤。

华新有限信用购买贩卖组合简章大要

区域　武清第五区村庄，为区域总事务所，设在梅厂村。

组合　组合员须七人以上，法人亦得为组合员，以居住本组合区域为限。

股金　每股十元，先缴一半，五个月缴齐，逾期不缴，作为储金。

准备　准备金与股金总数相等，每年盈余四分之一充之，以足额为止。

机关　理事之人，监事三人，均由总会于组合货中互选，理事三年，监事一年。

理事　经理组合一切事务，得雇用佐理员，对外则为组合代表。

监事　监察组合财产，理事执行业务，财产发现危险，得召集总会报告。

总会　通常每年一次，一月行之。临时会由理事、监事认为必要，或组合员请开。

开议　五日前召集，组合员半数以上开议，理事因事不到，推监事一人代理。

报告　理事前七日，应提出财产目录、借贷对照表、报告书，盈余、处分案于监事。

事业　以阳历为年度，执行事业，分信用、购买、贩卖三部。

信用　组合员或非组合员借债时，理事应调查其信用及用途，而定债额。

借债　应在一年至三年，利率二分五厘，必有相当保证人，或担保品。

储金 每款铜元十枚以上，月息一分五厘，利息每半年加入原本。

购买 农工教育及总会议决其他物品，理事调查社会需要而购买之。

贩卖 理事在适宜时间，调查生产物品，组合受取物品，应检定等品、量数、价格。

盈余 盈余非除去应充准备金数目，不得分数于组合员，盈利每年不过三分。

填补 填补损失，先用特别储金，次用准备金。

第百○三章　洋商

京兆无通商口岸，然京津之间，外人往来甚多，虽非通商口岸，而铁路附近，洋货易于灌输，洋商利用华人包办。如美孚洋油、亚细亚洋油、无一站不有华商为外商推广销路，仍用其招牌，英美烟公司亦然。倭奴营业眼光尤小，如鼠洞蚁穴，无孔不入，顺直省议会，因日本浪人，输入吗啡，夹带诡秘，始在商埠暗消，继假游历之名，分赴各县趸售，或租屋盘踞，或时往时来，地方官不能取缔外人，畏难苟安，不加过问，甚至接济土匪枪械子弹，引诱奸商，贩米出口。国耻攸关，漏危可惧，倭奴毒我，国民当伸大义拒之也。

顺直严禁吗啡办法九条

一、令关卡铁路等处，各该管官员严查贩运吗啡者，一经发觉，按法惩办。

二、许人民得告发贩运吗啡者，查实酌予奖赏，以助该管官检查所不及。

三、令县知事责成巡警官员，严查所属区内吗啡贩卖，或施打窝户，及嗜癖者拘案按法惩办，准用烟案罚金，充赏以奖励之。倘巡警官员，知前项犯人故意纵绎者，即按吗啡罚例第六条治之（布告除商埠外，勿得容留日人，违背约章）。

四、令县知事责成巡警官员，于所属区内会同各村董，挨村调查有无吗啡贩卖或施打等，窝户及嗜癖者，填著呈报，以免有漏脱隐匿之弊。

五、令县知事于诉讼发见确有吗啡嗜癖者，弗论何项讼案，先处分其吗啡罪例第五条之应得罪（日人入境，验明护照，加竟稽查，并召城镇旅居日人出境）。

六、令县知事按照境内吗啡延布情状，以酌定绝尽之期限，至于须否设置调验所或戒除所，由县知事自酌办之。其所办事实，及禁绝情形，须据实详报。

七、办理吗啡之力否，定为县知事之专条考成，分别奖惩之。由省区随时委员到县履查，务得确实；倘知事有意存敷衍，办理不力者，严予处分之。

八、许人民知有吗啡贩卖或施打等，窝户及嗜癖者，向县署或警局告发之，查实立即惩办，一面销量给赏以示奖励。倘诬控不实，则及坐予罚。

九、许人民知巡警官员对于吗啡贩卖或施打等，窝户及嗜癖者，确有故意纵释事实，得向县署告发之，查实立即惩办。一面酌量给赏，以示奖励。倘有诬控不实，则反坐予罪（日人游历，于保护中严行监视交涉，为釜底抽薪之计）。

182~197

第二十篇　交通

20.
交通

第百〇四章　环城铁路

京兆尹治，环城铁道，有正阳门、东便门、朝阳门、东直门、安定门、德胜门、西直门各车站，所经崇文门不设站，因距正阳门甚近也。环城铁路，环内城之三隅，如西南一隅，则环城铁路未及联合；如西便门，但有京汉路火车往来；宣武门亦不设站。盖崇文宣武有京奉、京汉、货车分轨，装卸灰煤。其他各门，则因环城铁路交通，始设灰煤厂。盖铁路本以运煤为大宗，日日消耗，则日日必须运货。环城皆京兆地方，现四郊尚属京营步军统领管理。环城铁路，不另设管理局，而附有京绥支路，因路线不长也。

环城铁路何以不环外城

环城铁路利用者，惟东北之朝阳、东直、安定、德胜四门。此四门城内皆街巷稠密，城外亦有大街、商场、马路，若外城除永定门有京奉铁路、京苑铁路，广安门有京绥铁路外，左安、右安及广渠门大抵城内亦多菜园、荒地、坟墓。城外民居尤少，客货必比内城更少，是以勘测路线，不绕外城。

环城铁路建筑大事

勘定路线　由西直门经德胜、安定、东直、朝阳四门，至通州叉道，与京奉接轨。

拆改角城　内城东、西北角，本直角形，外限护城河，不便转旋，拆城通轨，界以新墙。

填筑路基　城外地低，加高铺轨，拨用官民土地、房屋，内务部、步军统领，协助之。

招工投标　按土方计算，在工员司，勤奋从事，不误要政。

修工瓮城　四门瓮城皆拆开通轨，仍留外楼，两旁砌石梯，以壮观瞻。

建筑时期　预算半年，一切工作完整，又需半年。

开车日期　民国五年一月一日，即洪宪改元之日也。

行车事宜　前门票房，即借京奉车站，不另设机关。

环城铁路今日状况

京绥利用　京绥客货至西直门，多乘环城路至前门，旅馆多在前门，接客者众。

外馆利用　城北市集，以黄寺外馆为重，蒙藏货物所萃，利用环城路向前门。

乘客状况　乘客不多，因需久候，惟居近城门之商家利用之。

第百〇五章　京奉铁路

京奉铁路，在京兆地方之干路，有前门、通州叉道、永定门、丰台、黄村、安定、万庄、落垡、杨村等站，又有京通支路；或拟延长为京热支路，北出顺义、怀柔、密云、古北，或拟东出三河、蓟县。盖京津之间，铁路不取道于武清、香河两县，以联于通县，因其近于运河，防泛溢时为铁路害也。然铁路一改，不经县治，原有县治，遂不如大车站之繁盛，不如京汉犹贯穿良乡、涿县也。论新地理者欲移大兴治黄村，并拟移安次治廊坊，武清治杨村，于行政可收敏活之效。盖铁路改道，形势为之一变也。

京师前门车站　即京师正阳门之东，俗名东站，车票则为北京前门，京兆所属，不但南路武安、永固、霸县取道于此，而京东五县，亦由京通支路往来焉。

通州叉道车站　京东通、三、宝、蓟、香五县，及京北平谷，亦取道于此。

永定门车站　轨道高于平地，铁路桥正当大路，为车马所通行。

丰台车站　丰台为京奉、京汉、京绥三路会车之所，然京奉首先成立，正当主干，京汉修支路相通，京绥亦由此起点，皆为京奉之羽翼而已。

黄村车站　上车之客以大兴、南乡、庞各庄、榆垡之客为多。

安定车站　站北青云店站，南礼贤镇，其客货由此上下。

万庄车站　邮路北通采育马驹桥，南通旧州镇、南寺、垡镇。

廊坊车站　安次入京之要途，正在京津之中权。

落垡车站　武清出入要道，邮路南通皇后店。

张庄车站　正当凉水河下游之津要。

杨村车站　为京兆东南境之车站，经北仓即抵天津，京津开二百四十里。

京通铁路　东通三、蓟，东南通香、宝，北通顺、怀、密，皆可为他日拓修支路之计划。

正阳门　即京奉车站。

通州叉道　轨道经狮子坟、深沟、岳家坟、小郊亭。

双桥　为通县之西境，东近普济闸，而小寺、杨庄皆沿铁路。

宝通寺　距通县甚近。

通州　经桥庄之北，东为桥上坡，近接运河。

第百〇六章　京汉铁路

京汉铁路，在京兆地方之干路，有前门、西便门、跑马场、卢沟桥、长辛店、良乡县、琉璃河、涿州八大车站，轨长只一百三十里而已。又有支路三：一由卢沟桥南长辛店北通丰台，联京奉京绥；一由良乡通坨里，接高线铁路运煤；一由琉璃河经韩继通周口店，亦为运煤之用。此路近通直隶保定道，又由石家庄通山西太原，又由河北联路道清，又由郑州东通河南开封，西通观音堂以赴陕西，又南至信阳出武胜关山洞，入湖北界，达汉口，临长江。他年粤汉全路成，或名京粤干路，而以川汉为大支路也。

北京前门车站　即京师正阳门之西，俗名西车站，自重站沿城而西，左为护城河石，即内城雉堞，沿城煤栈林立，绕过宣武门，经西南角旁穿外城而出。

西便门车站　距前门十二里，此站四围皆巨商行栈，货物山积，因前门客多，不便装卸大宗货物，故货车皆萃于此，商货多而车少，必通贿始可先运也。

跑马场车站　距西便门二里，为西人赛马之所，乔木蔚然，古为辽之宫殿，今不可考矣。行六里，有康熙时所筑重砖琉璃瓦牌楼，壮丽可观。

卢沟桥车站　距跑马场十六里，昔为卢沟第一车站，今日则直达前门，此站久已冷落，改为三等车站，上下客货无多。

长辛店车站　距卢沟桥十二里，为昔日出京一宿站，今因修车各工厂、材料厂所在，且有支路通丰台，上下客货甚多，快车至此必停，南有南冈洼一小站。

良乡县车站　距长辛店二十里，有多宝塔为之标。有坨里支路三十四里，由此站南三里分支。南有窦店一小站，然道旁卖食物者极多。

琉璃河车站　距良乡三十八里，铁桥二百四十公尺，合华尺七十五丈，有永乐石桥八拱，又有支路通周口店，运出煤及石灰最多，南有永乐堡一小站。

涿州车站　距琉璃河二十八里，为京兆西南境上之要站，再南即出境，与直隶之高碑店相接，其间有松林店一小站，亦属涿县。

涿固霸永安拟修支路　涿县，东经固安、永清、安次，有东西新大道，横贯三县城，以至京奉之落垡车站，为将来支路计划线，此路成，霸县亦可接轨永清，京南各县，可收敏活之效，保定与天津之联络益便捷矣。

第百○七章　京绥铁路

京绥铁路，在京兆地方之干路，有丰台、广安门、西直门、清华园、清河、沙河、昌平县、南口车站。盖居庸以南，地尚平坦，一度关山大隧道，遂觉寒暑判然。盖山南山北，海拔骤见三百余丈之差也。丰台多货车，西直门多客车。昔日谒明陵之遗老，由沙河跋涉以进者，今瞬息即达矣。此路原名京张铁路，半日至张家口，为察哈尔特别行政区域暂时寄治之所，今名京绥。才抵丰镇为一宿站，将延长至归绥，为绥远特别行政区域治所。苟察绥热北三区皆以京兆为法，可改建北三省，为京北三重镇也。

丰台车站　接近京奉京汉两大站，鼎立而三。塞北牲畜车，作栏杆式，皮张车堆积甚高，然限制不碍于山洞。南北货车之交换，此站为中枢，联运事繁，堆栈最多。

广安门车站　在京师广安门外，上下客车不多，然附近菜园，运鲜菜于塞北者，比在京销售为昂，是以广安菜商，推广营业，而北京白菜，遂为张北、大同、丰镇招牌。

西直门车站　京师西直门外，有环城、京门两支路，交叉于此，站台弘敞，为全路冠。凡察哈尔、绥远、晋北、口北之冠盖，皆取道焉，蒙古王公往来亦多。

清华园车站　京西北最富教之地，清华学校所在，距城市既远，校风较肃，火车咫尺相通，又无村鄙闭塞之患。

清河车站　京西北最重要之地。有陆军预备学校，教练整肃。又有呢革工厂，则因折阅停工，科学不精，办理不善，固大利所在，国货所当提倡者。

沙河车站　京西北最清洁之地，冬至日犹见流泉，不致封冻，自塞北来者，诧为未有之福地。居其地者，或不自知也。

昌平县车站　京西北最名胜之地，星期日都中游客，多来游明陵，至车站则须雇驴以行，是以站外牵驴者多。

南口车站　自此站以北山路崎岖，弯曲亦甚，历青龙桥、康庄、怀来、沙城、新保安、下花园、宣化、沙岭子至张家口，计京张全路三百六十三里。

京门支路　自西直门经黄村、麻峪、北辛安、三家店，直至门头沟，本专为运煤用，间有头贰等之车，载西山游客。自门头沟至安家滩，有拟修门安轻便铁路者。门头沟站，即城子村，至天桥浮兴，拟修城浮铁路。今先修石路，至黄石冈。

第百〇八章　京苑铁路

京苑铁路为军用轻便铁路，干路由京师永定门至南苑，全在京兆地方之内，车站在京汉铁路车站之南，而不相接。盖京汉、京奉、京绥，轨道皆相同，货车或彼此互相通行。京苑虽至短之路，而车轨独狭，车辆既专为军用，遂不隶属于交通部，而隶属于陆军部，仍往来仍附载来客，而开行之班次太少，甚不及待者，或乘人力车，或乘驴，亦易于呼唤，价亦不昂，是以乘客不甚发达。此路建于庚子洋兵踞京师之时，外兵占领地，无不设军用铁路，吾国收回以后，似应改为宽轨，定为京汉支路，延长至香河、宝坻尤便。

永定门车站

规模远不如永定门京汉铁路大车站，亦具体而微，站旁亦有小本经营，售诸乘客之待车者，每车到而人力车夫争揽客座，亦于大站也。

小红门车站

铁路之中枢，上下之客甚少，乡民无识，或在铁轨上行动坐卧，火车经过，非常危险，叠经示禁，乡识字者少，固熟视无睹也。

营市街车站

车站直接营市街，因营而后成市，所有银行各商，无不赖营兵饷以还债。

南苑距永定门南八里，其四界如下

东界　大兴双桥、马驹桥、大武集、小武集。

西界　宛平马堡。

南界　宛平黄村。

北界　南郊石榴庄。

南苑之地势

平原　旷衍膏腴，无丘陵，昔为御猎禁地，光绪末改放民田，今势豪数易主矣。

古城　倾圮无存，只存六门之名，古行宫为当年驻跸之所。

市场　卍字地为中枢，百货云集，附近团河、常营、沙窝桥，略有商店。

公所　航空学校，近畿军队营房，邮电毕备。

物产

植物　大小麦、高粱、玉蜀黍为最，黍稷、棉花亦伙，夏季甜瓜尤多，果物并盛。

动物　家禽鸡鸭，家畜猪羊并发达，鹿囿中仍豢鹿，昔日野生黄羊，今日散失。

第百〇九章　高线铁路

自京汉铁路之良乡车站，分支至坨里，计程三十四里，专为运煤之区。有空中铁路，七十四里至安子村，即长芦高线铁路也。西部所来之煤，悉屯于此，以待外运，为北段产煤大宗，每年由此运往天津各处者不下五千余车。坨里距京师前门车站九十六里，行车则自长辛店经南冈洼、良乡县至坨里，计长五十四里。此项列车，本以载货为主，兼搭旅客，亦不甚多，倘有时无货运载，暂行停止，亦不另布告。高线铁路，与坨里支路高线运煤车斗相连，自上将所载之煤，倾入大铁路货车，毫不费力，足见机械之巧也。

高线铁路特别状况

站台　两山之高度略相等者，相对设站台，彼此相望，远者或不能相见，站台设有机器以为运转原动力，站长不管营业，仅凭电话，以定车之行止。

线路　上有钢轨，可行小轮，其车则垂于小轮之下，与轻便铁路之土车相似，俗名曰斗，下有机关，钩合小线，小线转则车亦转，以前山车站为总枢纽。

开关闸　为各站台迎送转递之机关，重载车到，由工人二人扶之运于铁路上。由此站以达彼站，以分钟车行一百五十米突。

高线铁路之略史

创始者　津商王竹林，于光绪间，用盐款建设，工程师为德国人，因案归度支部。

近年情形　由部招商承办，旋专归商办，房山西北驮运商户，多致失业。

高线铁路转运状况

包运煤　由煤窑议定运费，每家循环运送，某家运毕次递运。

运费　比昔年用牲口驮煤，价廉而速，惟出煤太多，取辆或不敷用。

乘客　惟本路人员工役乘之，不售客票。俯视绝涧则晕，不如平视前途也。

坨里煤商之发达

洋房　公司房屋用洋式，自有洋房而市上始见乞丐，铁路所至贫富益不均矣。

商人　津商普商为多。本地人习见之。赴京师长辛店做工。

红利　或谓有致富数十万者。

街市　煤市以外，为杂货店，皆附近于大车站。

第百一十章　琉周支路

自京汉铁路之琉璃河车站，分支至周口店，计长三十二里，有车站二，曰韩继，曰周口店。韩继车站距琉璃河车站二十四里，专为往来周口店运煤会车而设，向不售客票，故车站规模亦较狭小。周口店车站距韩继车站六里，本为集镇，适当山口，山中产煤，其牛马之由山间运煤来此者，络绎于途，故此区亦为运煤要区。金代陵寝在站北，半已荒芜，仅存废址。出口之煤，每年约一万三千五百余车，石灰每年约四千二百余车，由京师前门每日开车两次，周口运煤车亦两次到京，计长一百三十里。

琉璃河车

距前门百里，良乡三十八里，向为著名大镇，自设车站，修支路，益加繁盛。车站分轨甚多，月台上添修天桥，以便乘客上下，规模壮阔，市镇有学校及女学。

琉璃河铁桥

长二百四十公尺，合寻常尺七十五丈。其右遥见石桥一，明永乐间、嘉靖间重修，长四百五十步，计八拱。

琉璃河历史

金史谓之刘李河，古有刘李二姓，聚居于此，故名。清宋繁求详加考证，以为名应六里河。元延祐置巡检司，河阳有明之离宫，又曰燕谷店，前清驻把总于此。

琉璃河之商况

关于国货出口者

裕华蛋粉公司，收买各车站鸡蛋，雇中国工人打碎，分蛋白蛋黄，制成蛋粉，运销出口，各小车站皆有挂旗收蛋者。房山村农，有在山中养鸡万余，号万鸡圈者。西人重蛋白质为补益品，用西法以投西人所好，吾国重要之实业也。

关于洋货入口者

洋货入口，以美孚洋油为大宗，通商口岸，多设油池，自造油船，由矿地载入我之商港。近则火车交通之地，皆有该公司自制油车，作圆柱形，由铁路径运入该公司分庄之院内，而后用虹吸分装入马口铁箱，经理者皆华人。近年亚细亚公司，始起而竞争，观琉璃河煤油车，可见煤油大王托拉斯之魔力也。

第百十一章　邮政

京兆未特设邮务区，而合于直隶邮务区。京师虽邮务总局所在，而直隶之邮务管理局，则设于天津，北京只一等邮局。各县设二等邮局者，如通州、涿州、霸州仍沿旧称，及宝坻、三河、武清、固安等县。设三等邮局者，蓟州、东安仍沿旧称，及密云县耳。其他昌平、顺义、怀柔、平谷、香河、永清、良乡、房山等县，仅有邮寄代办所而已。然近于京师各巨镇，如海淀、清华园、清河镇、北苑、南苑、丰台、长辛店，皆有二等邮局。宝坻县东南之丰台，亦有二等邮局。古北口为赴热河邮路之要地，亦有二等邮局，其繁盛比于大县也。

每日昼夜兼程之邮路

京兆尹治，东北九十五里至顺义县，又二十里至牛栏山，五十里至密云县，又六十里至石匣，又四十里至古北口，干路东北达热河围场，皆兼程，支路北达多伦。

每日昼班邮路

京西自海淀、青龙桥、畅春园、蓝靛厂折回。

京北经外馆、北苑、高丽营、兴寿村、汤山温泉至沙河镇。

自涿县东三十五里至宫村镇，又二十五里至固安县，分路东南四十五里至永清，正南一路则二十里至柳泉镇，又二十里至牛驼镇，又二十二里至南孟镇，又十五里至霸县，南达保定文安。

自通县东二十五里至燕郊镇，又二十里至夏垫，又三十里至三河县，又二十里至段甲岭，又二十里至邦均，又二十里至敦家庄，又十五里至蓟县，又四十五里至马伸桥，又二十五里至石门镇，又三十里至马兰峪。

自三河县南二十里至皇庄镇，又东南十五里至新集镇，又十二里至侯家营，又十二里至三岔口，又十二里至宝坻县，南由大口屯、崔黄口，达杨村车站。

自通县东稍南二十五里至贾家疃，又十八里至西集，又南二十五里至香河县。

自南口至昌平。自落垡至武清。自落垡至东安。自牛栏山北至怀柔。

间日开班邮路

自三河北四十里至平谷，北二十里至峪口，西北二十里至张各庄。

自通县南十五里至张家湾，经牛堡屯、永乐店、安平镇至河西务，通武清。

第百十二章　电报及电话

京兆各县城，惟通县设电报局，乡镇惟南苑设有电报局，其他各县各镇，多未推行，因官电商电无多，惟古北口、密云为热河冲要，亦添设电报局。南苑、昌平有盗锯电杆者。至于电话，通县仍由京师设立分局，其他外县，亦未推行。惟涿县、良乡借用京汉铁路电话，亦可通话。京师开近巨镇，南苑、北苑、海淀、清华园皆通电话，最远者至昌平之汤山，其远及天津、塘沽者，则出乎京兆地方之外矣。至于沿铁路皆有铁路专用电话，号数甚少。盖京师用电话之户，止于七千五百，不足万家，吾国电信事业，尚未发达也。

北通县电报局　因当时有南北两通州，是以用北字以别之，今南通已加南字，北通仍单用一通字，惟电报则沿世俗之通称。

南苑电报局　军电多，商电少。

西苑电话分局　共九十九号，其地址则分布甚远。

万寿山　香山　海淀　朗润园　健锐营

清华园　清河　冰窖　老虎洞　包衣旗

玉泉山　营市　青龙桥　蓝靛厂　馒头村

南苑　共八十五号，其地址惟沿京苑一线。

永定门北小站　大红门　营市街

北苑　共三十五号，皆为防军用。

通县　共五十号，其地址惟沿京通一线。

宝通寺　西大街　东街　闸桥南

汤山　共七号，汤山旅馆公用，余惟地皮公司，及五家私宅也。

第百十三章　通运

京兆人民，自设通运机关者，如永清鱼行，营业甚广，行销地专为永清至京，设二十站，以人力输送，每站一易人，获利亦不资。沿铁路如良乡、涿县、昌平车站，皆不与城市相连，车站不能繁盛，县城亦不易发达，惟车站有骡车及小骡待雇，遇生客则加倍索价。商人运货必须包车，货多车少，一先后而时价顿异，是以商人必致馈于站长，加赏而后行。房山灰煤既多，于是有鸿丰总厂，就地定价收买，而后运出转售，颇获利。顺直通利河运公司，自天津铁桥北河至通县香河，东河至宝坻庙山河头，设立分栈，亦有益。

输运

骡轿　为京师东北，经顺义、密云、古北口，赴热河、朝阳、赤峰等处一路，犹须用之。

骆驼　自京门铁路，高线铁路成，驮运大减。昔京西以七驼为一把，视为生利之恒产，今惟斋堂等处，火车不通之处犹用之，到京者不及十一。

山轿　西山游玩处，夏日多有之，以藤椅为座位。

独轮车　大车　各县乡村多有。

轿车，各县乡村绅富始用之。

琉璃河之水运

仪器　涿县及涞易等县，由天津采购仪器者，多由水道装运。盖琉璃、瓷器之类，虽装箱十分完密，上下火车，皆不免抛掷震荡，容易损坏。不为民船，风波上下，性柔而不至破裂。

陶器　水缸、瓦盆，粗重货物，不适于铁路运转，且铁路每因军事占用货车，致商货停滞。舟运则日夜牵挽，可以自主，是铁路虽便利，河运终古不废也。

清水河之水运

上水　多运粮食。

下水　多载灰煤。

北运河之水运

通县东河沿　光绪二十六年以前，船桅林立，庚子后，所存不及十一。

民船　昔年官船、漕船，庚子尽毁，今所行惟民船，所运惟零星杂货而已。

木排　沿河各县用者，尚有河运。若京师所用，全用铁路，不由水运。

198~230

第二十一篇　县治

21.

县治

第百十四章　大兴

大兴县治，在京兆尹治附郭安定门，教忠坊南向。其名昉自金源，明永乐中，始建县署，落畿辅东北隅，为京兆左翼。昔地势卑下，乾隆时水深四五尺，旧署圮而复修，疏水道，增高旧址，立冰鉴堂，清季同治光绪，两经修葺，今大堂两旁，设征收柜，南苑钱粮，亦由县代收。原系五区，遂拓为第六区，然权限尚未明了，是以教育等项，政治五区，早已整齐，六区尚在筹备，无异于塞外新开荒也。京区、营区，选举由县监督，而选举费则出自乡区，京城契税，不由两县，而为左右翼所夺。

地势

观北多山，在郊甸之内，东南全系平原，为凤河、孙河两大流域，南苑亦圈出；北境海清庙白庙，已插入昌平境内，名胜以团河行宫为著。

物产

东直门外小关，造林多德国槐。农产则有玉蜀黍、高粱、小麦为大宗。羊坊之养羊，驴房屯之养驴，马房之养马，北马房、小马房并盛，聚燕台多燕，动物蕃滋。苇沟之苇，枣林庄之枣，植物亦盛。高粱酒产黄村、礼贤、采育三镇。

村镇

自治分十二区。

礼贤镇　距县南百里，原驻巡检，管田家营等村九十有五。

孙侯屯镇　距县东北三十重，管白辛庄、长店等村二十有二，又名孙河镇见前。

青云店镇　距县东南六十里，原驻把总，管太迥城等村四十七。

采育镇　距县东南七十里，原驻以检都司把总，管沙窝营等村三十四。

凤河营　距县东南八十三里，原驻把总，管沙河店等村十六。

黄村　距县西南五十里，原驻同知司狱巡检，管三间房等村三十有八。

交通

铁路　京通铁路，自东便门外，经狮子坟、高碑店，在运河南。

京奉铁路，由右安门外经永安门，经柳村、孟家庄向西南。

京汉铁路，自西便门外跑马厂，马家营大井向西。

京绥铁路，自广安门、西直门北向七空闸出界，京门支路，西向半壁店。

京苑支路，自永定门南向大红门。

第百十五章　宛平

宛平县在京兆尹治附郭，京师地安门外，迤西积庆坊南向。大门至署宅，共六进。监狱在大门商。二堂东为古墨斋，万历间邑令李荫建。以李北海所书云麾将军碑残石口之壁，同治光绪间，两次重修。署东贤良祠为劝学所，会计经理处，为地方行政辅助机关。县知事对于京师及郊甸，无行政司法之权，惟办理选举，分京区、营区、乡区，仍由县署监督之。地方所筹营费警费，均由八区乡民担任，所办学校均在乡间。自治绅董，由各乡公举之。

地势

大寒岭拔起平地二十里,一上下四十里,峰口庵稍次之,而百花山俗称高一万丈,化山尤高。山中矿脉蕴藏,既资利川,山麓泉脉伏见,尤有裨于农功,为北岳山脉之尽处,以成神京首善之形势,公用冈灰矿亦富。

物产

产煤之额,每年超过二十万吨,有红、黑二种。樱桃沟道上之樱桃,香山、门头沟、三家店均新植德国槐。栗园产栗,辽置栗园司。桑峪村宜桑,惜未培养。柳林村之柳,东桃园之桃,柏峪村之柏,皆名实相符,瓦窑村之瓦器,灰厂之灰,窑业亦盛。

村镇

自治分八区。

卢沟桥镇　县西南三十八里,原驻同知,管八角等村七十。

门头沟镇　县西六十里,原驻县丞,管黄石港等村五十八。

赵辛店镇　县西南五十里,原驻把总。

庞各庄镇　县西南七十里,原驻巡检,管里河等村九十四,有商会。

榆垡　县西南九十五里,原驻把总。

平罗　在县西南,原驻把总。

磨石口　县西北三十五里,原驻千总,古名磨室。

五里地　县西北五十里,原驻把总。

沿河口　县西一百八十里,原驻都司。

青白口　县西北一百三十五里,原驻巡检,管傅家台等村二十有五。

东斋堂　县西一百七十里,原驻巡检,管西护驾林等村六十四。

交通

铁路　京汉、京奉、京绥萃于丰台，卢沟桥、长辛店亦重京门支路，有三家店。

手车　宛平矿业因利局，创设运煤手车，益于贫民生计。

第百十六章　涿县

涿县在京兆尹治西南一百二十八里，车站犹题涿州，古之涿郡，因涿鹿得名。城周十里，作长方形，而东北隅内折。车站在其东南三里许。城北二塔，昔有寺。南塔名智度寺，北塔名云居寺，车中遥望二塔，如双柱并立。城外高台庙，有土台高数丈一塔突兀，亦古迹之著者。桃园当城之中心，园已久废，惟其地极坚实，终岁往来，尘沙不起，他路则否，故易于辨也。城内西北隅，《史记》燕太子丹、樊於期置酒处。县署近东门。文庙近南门。原有参府游府营泛，今尤为大街名称。城西洗马潭，为张桓侯遗迹。永济桥在北郭外。

地势

督亢陂在城东南，燕使荆轲献之秦，诚膏腴之地。上承涞谷，引之则长潭委注，遏之则微川辍流。又拒马、琉璃二河，至城西北而合，即古桃水，河流曲折，一名十度，亦利灌溉。惟永定河决，村庄田庐被水洗剔，漂没殆尽，实为近岁之大灾。

物产

农产棉花杂粮，每年运往京师者，约百余车。榨油酿酒，农产制造亦盛。果树以枣为多。稻米产西北境，岁出一千七百余斤，红薯尤肥硕，近山之地可种。楼桑以后，桑树甚少，正在提倡种桑，以恢大汉先业，近水者产荸荠藕甚多。

乡镇

自治分九区。

楼桑村　在县东南十二里，为蜀汉昭烈故里，《蜀志》先主少孤，与母贩屦织席为业。舍东南角，有大桑，高五丈余，如车盖，先主儿时戏言，吾必当乘此羽葆盖车。今右近有昭烈庙，唐乾宁五年建，祀先主与关张诸葛。

松林店　原系大道上市镇，今铁路经其东，车站距街市尚三四里。

永乐村　昔本荒村，自设车站，遂为县北之重地，贸易渐兴。

柳河营　县东南市镇，其西北土坑，作长沟形。

马头镇　县东北市镇，在琉璃河旁，通水运。

房树村　粥厂就食者千人。

交通

铁路　京汉车站，快车不停，慢车往来各三次，入京人多，南游客少。

固安县　距城六十里，中有宫村镇可以憩息，又经永清至安次，有新辟之道。

新城县　距城六十里，然新城人出入，多取道高碑店车站。

房山县　距城五十里，然房山人出入，多取道琉璃河车站。

第百十七章　良乡

良乡县在京兆尹治西南六十二里。县东三里有多宝塔，在燎石冈上，石赤色，可以取火，俗名昊天塔。建于隋，唐尉迟敬德重修，高十五丈。车行过红泥沟即望见之，中有铁佛高数仞。县南三里有乐毅墓，县治有霍原祠，皆为模范人物。良乡人出外为商者，绸缎行为最，估衣行亦多。近日洋货，亦充斥于街市。城中有汉白玉狮子，俗名望塔狮。燎石冈有温泉井一眼，人多饮之。城东一带，稻田相接，棉花地亦沃，有衣食丰裕之象。城北有行宫，为西陵御路第一站，南门外将台，亦汉白玉石所建。旗营驻防，近亦同化也。

地势

县西十里，伏龙冈形势蜿蜒如龙之伏者。十五里龙泉山有石龙口出泉，终年不竭，东流入盐沟河，至县南，即古福禄水。《五代史》涿州运粮入幽，契丹辄伏兵阎沟取之。唐长兴三年赵德钧镇卢龙阎沟而戍之。即盐沟也。东南入固安。

物产

良乡黄酒最著名，比于绍兴。良乡板栗风行上海，凡京西南各县板栗，由津运沪者，亦称良乡。中秋时，上海水果店，皆揭良乡二字为招牌，或称真正良乡，而不用栗字。农产多小麦，每年运往西便门者二千车，而大麦则用之造酒也。

乡镇

自治分八区。

琉璃河镇　京汉铁路，由此分周口支路，百业发达，距城西南四十里。

长阳店镇　治东北八里，为南北要道，在广阳河北。

窦店　京汉铁路有小车站，为窦禹钧故里，陆路北接七里店，南接黄土坡。

赵村　西南二十八里，原驻管河县丞，有渡。

交道镇　县南巨镇，正当窦店之东。

官庄镇　在县境极南牤牛支河之东。

黄土坡　设局抽收船捐，组织水上警察，以保行商，并拟筹设乙种实业学校。

水碾屯　乡民能利用水力，惟机轮过于简单。

交通

铁路　车站距长辛店二十里，快车不停。

支路　良乡城南三里，即抵坨里车站发端处。

房山县　距城三十里，骡车往来甚便。

水运　昔通今塞，龙泉下小运河，为由琉璃河运粮道，琉璃河有船通天津。

第百十八章　房山

房山县治在京兆尹治西南百里，县界距京不过四十里，城周四里，市小而洁。铁路不经，城内不乘舆马，无贵贱少长，出则于郭外乘之，入则至郭外下舆马，步行以入。自县城入京师者，乘轿车行二十里，至良乡车站，附火车往来甚便。城墙雉堞尚完好，惟无炮眼，俗人因以不开眼讥之。然纯朴之风，非市井之民所能及也。故家遗俗，多能劝学，近于京师，学校亦发达，学生负笈求学于京师者，亦多端谨之士。商人以煤业、果业为大宗。古迹则以虞舜庙为最。在县西南三十里，上方山西域寺，尤著名。

地势

西境高山雪花岭，上逼霄汉，夏期犹戴雪。红煤厂盘纡山中，有高线铁路，绌幽凿险，通一线之路。县治偏东，其东南略有平原可耕。金代陵寝荒废，不如昌平明陵之系人心也。挟活河源，泉涌亦奇。长沟峪煤山，周口灰厂，为天然富源。

物产

农产米、麦、高粱、玉蜀黍。西北山中多果树，柿子尤为京师所重，桃李梨亦多。矿物有无烟煤，由坨里周口店输出，其余金银石棉，虽经发现，无人开采。又有石板粗者可盖洋房，细者可为学校算板。田各庄一带造林场，有榆树、德国槐最多。

乡镇

自治分九区。

石窝　张坊　舌阳　顾册　为南乡四镇。

石梯　磁家务　为城北二镇，磁家务原有巡司今裁。

大安山　为县西北市镇，近大石河。

灰厂　因石灰发达，所立之镇。

长沟　半壁　县南境之镇市。

龙门台　为县西之村镇。

交通

西北山地　用骡马驴驮煤，今高线成，生计减。东南平原，用大小车。

周口支路　由琉璃河分支，大丰公司所办车厂村及长沟峪煤矿，拟由车厂村至周口建筑轻便铁路，以便运煤，经部准有案。

坨里支路　由良乡分支。

高线铁路　由坨里至安子村。

第百十九章　通县

通县在京兆尹治正东四十里，车站犹题通州旧名，俗人或因江苏有南通州，别其号曰北通州。城临运河上游，昔为江浙粮艘所泊，由通惠渠以达京城，方其盛时，由通州西门，至京师朝阳门一带石路，昼夜行人不绝，江浙货物，皆先至通州，是以风俗与京师同。及铁路成，百货改陆，于是县城商务锐减。公园、图书馆、马路、妓馆之发达，犹可为京兆第一大县。女师范中学所在地，旧日提署有潞河施医院，各国侨民亦多。警察收捐，皆模拟京师。奢侈之风，亦日盛焉。

地势

全境平原，孤山兀立于东，无山脉连属，一土阜耳。运河至王挥庄，筑有支水大坝，逼水东流，直线不过里许，而曲线纡折三十余里，每至伏泛，村北水出槽时，村南水仅半槽，亟宜裁挖，省议会规复通县减沟，引运入运凤河，武清人民争之。

物产

农产玉蜀黍、大小麦、豆类均伙。园艺则葱韭，茎叶甚肥大，昔粮艘载以回南，南人诧为未见。农产制造腐乳有名，工艺品则爆竹烟火，时出新裁。所制陶器分四类，曰树皮形、曰兽艺形、曰古铜形、曰石形，陈列品、日用品多能行销各省及外洋。

乡镇

自治分十三区。

八里桥　咸丰之季，英法入寇，僧亲王御之于此，败绩，国耻纪念之大者也。

燕郊镇　县东接三河界，西南经箭杆河，有桥曰摇不动。

张家湾镇　凉水河分流处，河东为典木厂。

潞县镇　凉水河下游，旧有管河州判。

马头镇　在运河下游，原称为马头汛，旧有千总把总。

马驹桥　在凉水河上游，南苑大围墙之东，原驻把总，粮行、烧锅、典当，街长五里。

牛牧屯　永乐店　在县南大道，永乐旧有把总。

交通

交通铁路　京奉支路，早中晚三次开车，京东各县，皆取道于此。

朝阳门马路　即博爱路，为国道。又修县道，连沟宽二丈，里道连沟宽一丈五尺。

通惠河　漕运既停，舟运久废，惟小舟渡乡人往来，冬日有跑冰床者。

电话局　京师分局，共五十号，可与京师用户通话。又电报局。

第百二十章　三河

三河县在京兆尹治正东一百一十五里。城南临洵河有桥，城北郭家套亦临错河有桥。城东二里东套临洵故城，石赵所置，亦曰临渠。晋永安六年，燕慕容霸伐赵，出徒河收乐安北平之粮，与其主隽会于临渠，即此城也。城南一里为南关，六里有沭㳍淀。洵河自西而东，而人民多称为错河，有舟楫之利，为县城发达一原因，商业颇盛。县署有万寿寺，已荒废，拟辟为公园。妇女赴京师做佣工，而月以佣值奉养翁姑，惟有夫之妇，习为富贵家之奴性，不能再任乡间劳苦，亦如出山之泉，不复返也。

地势

山脉自密云怀柔入县北，为卧龙山、荆棘山、梳桩台山、堡子山，在洵河之东北。山脉自顺义入县西北境者，为椒元山、黄太山、长山。南部平坦，沿鲍邱河、错河之旁多沙地。灵泉漱玉、圣水流丹、七渡晴澜、南塘落雁，风景尤佳。

物产

农产以小米、芝麻为大宗，高粱、烟叶次之。石佛寺一带有刘家、李家、徐家、雷家、卢家枣林，皆夙以产枣而著。碱厂庄之碱，用土法制造。纸坊之纸，亦甚粗疏。马房为辽金元明牧围，今不产名马矣。

乡镇

自治分十三区。

黄庄镇　治南二十里，有警察分区。

高楼镇　治西四十里。

夏店镇　治西南三十里，有五槐铺旧驿，沿五槐公馆而名。

燕郊镇　治西五十里，或作烟郊，诗人题咏颇多。

马房镇　治西北二十里，原驻把总。

泃口镇　张各庄镇　治西北五十里。

交通

取道京通铁路　自县西三十里至夏店，又二十里至燕郊镇，又二十五里至通县，共七十五里，一日可达，附晚车入京，若乘早车至通县，亦可驱车即日到县。

取道于本县者北有平谷县，东有蓟县，东南有宝坻县。

前清之东陵御路县东经东套、南河沿、段家岭镇等村，以入蓟县境。县西经枣林、白浮图至夏店，即夏垫，以达通县境，年久失修。

第百二十一章　宝坻

宝坻县治，在京兆尹治东南一百八十里。城堞齐整，商号多在东西南北四大街。县城周八里，每方二里。城中十字街名曰幢子，有石幢，八景所谓石幢金顶是也。县署在宣化牌街路北。东门外芮家坟地，古柏数百株，多名人碑记。城内商业家居织布者，无异工厂。县东人民多整容业，在京者俗名剃头棚，今称为理发馆，东三省各县，无不有宝坻人操理发业者，虽为毫末小技，却是顶上工夫。吾国殖民海外，赖三刀为业，即剃刀及厨刀、裁缝剪刀也。吾民操刀不害人，有名于衣食卫生，吾国民之仁术也。

地势

蓟运河直贯东北。鲍邱河自三河至县之八面城，入蓟运河。北运河自宣统三年，决于顺义李遂镇，水半东南流，泛滥县南。民国二年，兴大工，定分流计划，半导入鲍邱河，以入蓟运，仍复泛溢。永定一决，被淹九百余村，灾情尤重。

物产

棉花之利，优于五谷，织成布匹，分销远近，为二十县之冠，亚于直隶高阳。新集镇有纺纱厂一所，始立初基。蓟运河下游，银鱼紫蟹尤为特产。农产红白高粱、黑豆、玉蜀黍，或有蝗害。土碱公司，化验土质含盐百分之十二分。

乡镇

自治分十区。

大口屯　县南巨镇，烧锅甚多，所酿之酒，运销天津。

三岔口　口东　新安镇　黑狼口　均有市集。

新集镇　商业繁盛，详巨镇篇。

林亭　昔年文化最盛之地，科第蝉联，旗杆、匾额、坊表极多，今屡遭水患。

八门城　现在受水患最重，宛在水中央，市井萧条，民多流亡。

丰台镇　在蓟运河西岸，丰洞宁河交界，纸店年画店极盛，岁出以数万计。

交通

邮路皆取道京通，分南北二路。

南路　自通县西集，至香河渠口镇，至县城，每逢积潦，则沿途有阻水之患。

北路　自通县燕郊夏店又经皇庄镇。新集镇至县城，此路地势较高，沿途各镇均有旅店，食宿亦便，现在有组织汽车行者。

第百二十二章　蓟县

蓟县在京兆正东一百八十里，分东西南三门，北面山。南门距运河五里，东西门正通东陵御路。城内以西街最为繁盛，以粮行为最重要，皆本县人营业，商人出入，以芦台为关键。城内之市集，以旧历一六为期。古迹有行宫，在独乐寺内，有阁高九丈九尺，有李白所书"观音之阁"四字。今教育会各机关，多设于此，足为县治公园。学校有县立高小、女子高小、乙种农业，模范国民，近组师范讲习所。风俗纯厚，然剪发尚未普及，而天足尤不易办，各乡尤甚。

地势

盘山为镇，蓟运通舟，马伸桥以下，沿途所经小村落，有于家桥，东西曲园，五里桥、窝头、埝头，有土堤、上仓、下仓，新安镇为宝镇交界，下游经过狗庄子，宁河县至芦台。山南平原可耕。

物产

秋麦、红高粱为大宗，白芸豆尤著，其次为粳米，水稻为李光地所开。松柏枕木，多出盘山。梨为名果，柿子、山楂、桃、杏皆有输出，运京之梨，岁值一二万元。土布仍用旧法。沙土地产花生、马铃薯。山地产药材，益母草尤佳。段家岭八百户，多果树。

乡镇

自治分八区。

东乡　马伸桥距城三十五里，市集以逢五逢十为期，有景忠祠，吴可读殉于此。

南乡　上仓镇、下仓镇均有市集。上仓附近为全县膏腴之壤，下仓东为太和洼，西为清靛洼，每届大水恒有淹没之患。

西乡　邦均镇附近居民富庶，其余村落颇小。

北乡　城北黄岩关为通口北要道，山产玉蜀黍，间有梨果等树。原有兴隆山，系东陵地，今拨归县属。昔修陵之始，原有四十八庄，在白椿以内者，皆收为官有，迁其人于河间，清迁逊政，今为民垦矣。山道多不通车，出口小路用驮子。

交通

由县入都取道京通铁路者由县城至通县，陆路一百四十里，皆昔年御路，车行二日。初日自城行百里，经三河县城至夏店，次日行四十里。附晚车到京。

水运　自城南五里桥。苏运河通船。名曰漕子，每船容七八十石，春浅时六日至芦台，水盛时四日可至，上水或多至八九日。

第百二十三章　香河

香河县在京兆尹治东南一百一十里，城雉整齐，四门敌楼完全无缺，每方一里，共一方里。城之正中为十字街，有钟鼓楼，最为繁盛，四城所走集也。县署在西街正中。集期一三五七，惟无九日，但十二月二十九日有集，繁盛倍于平时。四月二十八日娘娘庙，十月一日城隍庙出巡，皆有定期商业，且演剧为乐。古城在县北一里，俗名北冈子，为唐太宗屯兵之处。白衣寺在北门内，求嗣必应，有井极甘，为全城上等饮料。城东有义井，则唐太宗征东饮马处，石槽曰天槽地槽。城南有辽之香城塔，东有元之仁公塔。

地势

岁受运河之患，北乡先当其冲。因有横堤为障，洪流由西乡归河，流入武清，南乡尚不至受害。东南流至牛牧屯，分而为二，东向者为王家引河，亦名青龙湾河；自闸口起南向者仍名运河。运河高于箭杆河六七尺，何能强之上行。

物产

棉花为京东之冠，盛于第九区。五谷俱备，而黑豆黄豆出产尤多。特产建鱼，出建各庄之大坑，其味甚美，每年约产一万余斤。各村饲猪甚伙，俗名小米猪肉，嫩而易炙，京师名馆颇重之，又名香猪。

乡镇

自治分十区。

渠口镇　治东二十五里，旧有土堡今圮，店子铺在其西。

梁家务　治北二十里有仓。

西马家窝　治东北近箭杆河。

安头屯镇　东南十八里。

刘宋镇　东有三十里，亦曰刘宋屯，旧有土堡已圮。

河北屯　东南五十里有仓。

新立屯　在永定河北。

阎寺镇　为县南巨镇。

交通

取道京通入京　由西集贾家疃至通县，共六十八里，是以一日即可入京。

取道京奉赴津　由河西务经武清县至落垡，共七十里，一日亦可赴津。

赴古北口之路　由城北梁家务、冯乐庄至三河之夏垫。

赴宝坻县之路　由城东义井、宣教寺、渠口镇至宝坻之丁家套。

运河　通香交界之桥上庄，水浅滩高，夏秋水盛惟行驶小船。

第百二十四章　武清

武清县治在京兆尹治东南一百二十里。城为正方形，四面各一里。每逢一三七九为集，四门一致繁盛，南门有米市牲口市，东西北三门皆商店，东门外有烧锅五家，资本较厚。县署居中。盖京兆二十县，通县而外，以武清为最。通县近于京，武清则近于津，通商以来，外患交迫，天津商务骤盛，武清之民，亦食其利，日形富厚，然华而不靡，勤而不惰，其军阀列戟相望，其富力亦为各县之冠。城内居民不及千家，商务转不如各乡镇，金融亦不如各乡之活动。城垣高厚，城楼惟南门已新建，余亦募款筹修云。

地势

运河自通县经杨村至天津，自漕废失修，或涸或溢，永定河自北而南，流至皇后店以下则泛滥无定所，每年淹三四十村，以致漕民四窜，流亡塞外。下游各村，则以插箔捕鱼为业。城内有水利联合会，统筹水利，共防水患，伏汛联合防险。

物产

南部多森林，居民因以造木炭。农产以玉蜀黍、大麻、大豆为大宗，稻麦次之。制造品所有各乡镇织布织袜工厂，均能获利。豆腐丝最著名，京师负贩豆腐丝者，皆武清人也。棉花岁出六七百万斤，柳杆运销亦广。

乡镇

自治分八区。

汉沽港　王庆坨　两镇最大，人口均不下万余户，造林已一万七千亩。

皇后店　商业最发达。

梅厂村　自治成绩最优，为近年模范村。

安平镇　居民五百余家。

河西务　杨村　崔黄镇　均著名大镇。

共十三镇，昔八百一十村，拨入天津二百村。

交通

京奉铁路所经　县南张庄距天津只二十里，杨村距天津只四十里。昔火车未通之时，杨村为京津要道，远人所息。今京津二百四十里，顷刻即达，遂无远客投宿矣。

运河之航路　河西务及南北蔡村、东西杨村均为民船停泊，水盛时亦可行驶小轮船，因铁路极便，是以航业极衰。

第百二十五章　安次

安次县在京兆尹治东南一百四十里。原有土城，倾颓已久，四门惟东门有城楼，余多因永定河决口冲刷，每次决口，必淤土数寸，近三十年，城外平地比旧日平地高五尺，城内转成低地，雨后积潦无所泄，就城内荒废之地，潴为污池。城东北隅，原有八旗驻防，相安已久，今皆署安次籍，乡民则仍沿东安旧称。城市风俗渐由俭而奢，昔年冬日，中人之家，烧玉蜀黍棒子御寒，今则用京式煤炉，家计稍裕者，衣服无不仿京式，或称津式。安次得名，始于黄帝安墟之次，其文明开发，可谓早矣。刘琨墓在县东二十里。

地势

永定河四五年不决口，则家给人足，市上渐多奢侈品；然每届十年，人民又盼永定河决一次，因河水自上游挟来淤土，有天然肥料，匀铺地面，可省人工。龙河两岸，堤工颇巨，两堤之间，人民贪地，多筑埝坝，一家一村获利，大溜愈逼愈溃。

物产

农产小豌豆，红茎绿荚，豆质颇重，为一方特产。其余五谷皆备。农产制造，则绿豆粉丝最佳，不知掺假。果树蕃于西北，以安务为集中点。柳条编物，亦在西北杨税务一带。牛陀镇水含碱质，可以熬盐。琥珀营曾产琥珀。

乡镇

自治分十一区。

廊坊　当京津铁路之中，如常山蛇之中坚，军营驻扎重地，商货亦聚散于此。

旧州　市面甚丰盛，住民百余家，商贾殷实，原系东安州旧治，城已颓废。

杨税务　相传为杨业设务收税之处，现三百余户，旧商业为廊坊所夺。

调河头　近因永定河患，淤沙日多，市面亦萧条。

葛渔城　四围被水，正当永定下游，市面尚盛。

茨平　新立市集不过数年，因柳条编器工艺非常发达，由永清划归安次管辖。

交通

由落垡上车者　县南调河头葛、渔城马头等处。

由廊坊上车者　县北杨税务、茨平等处，及霸县、永清县所属。

由万庄上车者　县北旧州一带。

由凤河舟运者　水盛时可由落垡至天津。

牤牛河舟运　由牛陀镇下驶。

永定河之要道　以调河头渡口为最要。

第百二十六章　永清

永清县在京兆尹治东南，以永定河、清水河两大流域，冲积成大平原。城市因不临铁路不甚繁华，无宏大之建筑。城隍庙西南，有张守珪祠。城之外郭即系土堤，作圆周形，环城以障水，有东西关厢附郭，盖水患烈则防御。周有东塔儿巷、西塔儿巷，火土堤之东南。而南关镇则在土堤之南，其北有土坑，东距永定河以双渡镇大堤为障，延长至安澜城。河东大镇有别古庄、横村、韩村，皆距河远，而大刘庄则逼近永定河支河，其西后奕镇及远正南季家门，距河稍远。古迹以六郎台为著。

地势

永定河俗呼浑河，水浊而激，舟楫罕通，沿河南北两大堤，夏季水与堤平，乡人护险维谨，河决患剧，然田间淤泥数寸皆黄土，瘠地可变为肥沃。清水河自霸县北境，经本经东入文安，水流平缓深阔，夏季暴雨，亦不免溃决。

物产

东乡滨河河东韩村、陈各庄一带，地土硗瘠，多沙碱，不宜五谷，居民种柳，大者伐薪为炭，柔枝编织柳器，编柳者窑地为室，篝火其中，不知早暮。盖柳枝必先柔以水，剥其青肤，莹白如黄，乃可屈曲，见风则脆，故就窑室成之。咸土可熬小盐。

乡镇

自治分十区。

信安镇　多天津各大铺分肆，四大钱行，即票号也。每五日一集，临时设肆街间，猪、布、鸡鸭市，牛羊市、骡马市、菜米市、杂粮市、棉花市、估衣市各有定处。县署于镇中设市政公所。有刘越石坛，周世宗驻跸处，文丞相馆。

大王庄　西有悬梁寺，栋梁均无支架，构造奇妙，相传明万历筑。别有义仓，亦裕。

龙亭　永定河畔圣祖出巡驻跸处，碑字不可辨，亭亦圮坏。

通泽村　隋通泽县，故城已废。

交通

水路　自文安胜芳镇乘舟，西抵保定，乘京汉车，二日而至京师；若顺流而下，至天津，乘京奉车，一日抵京师。绾津保小轮船之冲，惟冰期甚长，阻碍航行。

陆路　东支　经安次通落垡车站，到京不需一日。

　　　　北支　经安次通廊坊车站，即可至京师，不需一日。

　　　　西南支　至霸县赴保定。

西北支　距固安四十五里，涿县近日里。

第百二十七章　固安

固安在京兆尹治东南一百二十里。最高处曰奎阁连虹，北门内外最繁盛，铺户旅店所萃。南门内旗营驻防，屋宇颓败；南门外铺商亦盛，钱富杂粮商，皆山西人握其金融，盐商则为天津人，义仓在三佛寺内。东门外有住户，无商肆。西门内，铺户三四家皆小本商业，住户最少。东南一里之东岳庙，旧历三月二十八日庙会，商品以农器为最多。南门外一里瘟神庙，旧历五月端阳庙会，商品以凉席、蒲扇为最多。至九月重阳，南门内有会场，商品以估衣为多，取以御寒也。方城村东南，有孙膑墓。

地势

永定河南四工，在北门正北八里，所积沙土，高于山丘，永定河身已于高过于城，自沙阜望城市，如在釜底，历年淤积，挖之不胜其挖。昔永定河防，岁出四十八万两，多用之于固安河工人员，旅居城内者众。民国以来，河防费减，水患烈矣。

物产

农产以芝麻为重，岁出二千余石，高粱、豆麦次之，玉米为主要食品。林产柳条，岁出三十余万斤，桃、杏、梨诸果品次之。动物之特产，以蝉蜕为药用品，其质甚轻，而年产千余斤。鼠穴獾窝，足以坏堤，永定河、小清河堤防，官民随时搜捕。

乡镇

自治分十一区。

东乡　城外多沙地，农业不能发达，新种杨柳树甚有益，柳条编箱篋，胜于外货。

南乡　牛头镇距城四十里，马庄镇距城三十里，二镇相连，牛头以一四为集场，马庄以三七为集场。牛头镇，又名牛驼。

西乡　彭村镇距城二十八里，逢二逢七有市集。

北乡　城外八里，临永定河南岸，其北即宛平界。

交通

取道于京奉路　以黄村为要冲，由黄村东南至固安县城，凡九十里，一日可达。若陆路则由永安门、右安门绕南苑而至黄村，行人或近住黄村，或初日行八十余里，住庞各庄，次日行三十余里至县城。

取道于京汉路　以涿县为要冲，由涿县正东至固安县城，凡六十里，一日可达。此路火车甚便，陆路不便，沿途道路狭窄，大庄、新庄尤甚，过此皆平坦大路，直达县城。

第百二十八章　霸县

霸县在京兆尹治正南二百四十里，位于牤牛河之西，有大堤障于河之西岸，环城有护城河，四门皆有桥梁。东门外有花园，为东赴牤牛河大桥之大路，城外居民亦较多。城内商市，以旧历一六为大集期，三八为小集期。城南有文明村，城东有普济寺。县署前有谯楼，名曰霸台，为宋杨延昭所建，相传延昭点兵于此，今军警保卫团，逐日会哨，亦消弭盗匪焉。城南十五里太保庄，有行宫，面临大清河，水光可鉴，乾隆时巡河驻跸之处，今则片瓦寸橡无存，盖为大清河决所冲刷也。陶吴两州判祠，民到于今称之。

地势

大清河、中亭河皆在城南，牤牛河围绕城东北，黄家河、古运河，虽有河槽，已无堤迹。古名益津关，本因水以为险，原野坦平。今大清河，犹上通保定，下达天津，而扼其要害，不愧为著名之关津也。县属药王庙，为上游小船改换大船之处。

物产

特产硝最多，城内有盐池。常产五谷，南乡麦、东乡高粱、西北乡玉蜀黍，并发达。工业惟土布。平沃之地，多宜桑枣。南境污下沮洳，民多业渔，且有苇席之利，菱藕亦饶。大清河苏桥苑口，特产蛤蜊，生殖甚难，外人以重价收买，制扣制贝。

乡镇

自治分十二区。

八镇　信安、苏家桥、堂二里、新店、策城、南孟、煎茶铺、岔河集。

东乡　信安镇接永清界，堂二里、策城镇在其东南，煎茶铺在县城、信安之间。

西乡　岔河集接新城界，大小柏林接安次界。

南乡　苏家桥接文安界，老堤村堤在中亭河北，有六郎堤，北有桑园。

北乡　南孟镇在牤牛河西，县城上游，其东南新店镇，当县治之东北。

村落　二百四十余村，县南有插花地六处，不与本境联属。

交通

入都陆路　北经安次之柳泉、固安之牛陀、宛平之榆垡、庞各庄附黄村车站入京。

赴天津陆路　县东经西楼煎茶铺及策城镇赴天津，近城一带马路旁多种柳。

赴固安陆路　县北经挂打庄、金各庄及南孟镇入固安，纯系土路无阻碍。

通天津水路　苏家桥下达文安石沟、中亭河之栳栳圈，亦下达文安胜芳。

通保定水路　大清河自保定，历新镇入境为营上村，东经苑口村出苏家桥。

第百二十九章　平谷

平谷在京兆尹治东北一百四十里，东西最广五十里，南北最长三十里，县治偏于全境之西南。城内商店每十日两集，西关市廛较盛。城内有高等小学、模范国民学校、女子小学各一。风气初开，人民淳朴，选举时无卖票恶习。山脉东倚盘山为界，南倚泉水山为界。洳河为本县巨流，当盘山之北，凤凰山之南。县北则有鸦雀岭，分支为白浅山、双髻山。县治东临洳水，为冲积之平原，上游北寺庄，下游东鹿角、西鹿角。西境多水，土堤亦多。古迹之重者，则渔子山黄帝陵庙，或以为衣冠之冢焉。

地势

山谷中间有平地，是为平谷。盘山、泉水山，蟠于东南白浅山、双髻山，亘于西北两大山之中，夹以洳河流域，是所谓谷也。东北凤凰山，遥连密云古北口，洳河两岸平地可耕。鹿角庄河道，西通三河，南通宝坻，航行利便，未可视为山地也。

物产

棉花为大宗，俗称平谷花，近则制各种棉絮套网，便于携带，畅销京津一带。特别出产白土粉，出第二区小岭上，可以粉饰墙屋，浆洗衣服，制作粉笔。山道中略产水果，而枣林尤多。萧家院有椿树山场，放山蚕，曰振华蚕业试验场。

乡镇

自治分五区。

原有村数　号七十二村。相传京师建设之始，正对前门，择三十六村，立保定县，俗名小保定。又斜对后门，择七十二村，立平谷县。前应天罡，后应地煞。

现有村数　滋生日众，分列二十余村，共九十余村，惟新设之村，仍附庸于原有之村，最特别者活沱庄。现全境共分五区，以筹自治。

独乐镇　县城东北独乐河庄，因特产棉花，渐有商店，改村为镇，人家五百户以上。其次夏各庄、东高村，皆殷庶。山东庄多山东人，均以植棉为业。

交通

取道于京通路　距通县一百里，一日可达。

县南之大道　由西关至泗渠庄，有桥叉，南经埝头至东高庄，洼陷不易行，又南至东庄入三河界，泗渠庄又为停船之所。

县东游盘山之道　东南经马各庄、贤王村、夏各庄入山，东北珠峪、白羊岭颇隘。

县北之邮路　城北二十里至峪口，又西北二十里至张各庄。

第百三十章　顺义

顺义县在京兆尹治东北九十五里，实止六十里，城周六里，县治据土阜上。城中铺户零落，街道不整，市门以外，凹陷若深渠。城内中心有石幢，地势最高，阛阓所萃，石幢高三丈余，为之标准。城南有半截塔，昔年如文笔凌霄，正对县署大堂，其知县拆去，甫及半而去，今遗址犹存。商家铺面，亦能模仿京师，无大宗贸易，布行多南宫冀州人，余多本县人。孔庙古柏参天，文昌街为县立高等小学所在，大慈东有圣井古迹。教育发达，会文社有月课。商会正筹整顿路政。石槽行宫，为固有公园。

地势

大将军邓训屯孤奴山，教民种稻，民至今祀之。近年河决而水性就下患在下游，而上游有五六年之丰收。河南村在白河之南，昔年文学较著。而北山地多产石灰，皆昌平支麓，无高峰峻岭。白河东注之后，而李家桥旧河道，化为平陆矣。

物产

豆类最芄，美国玉蜀黍红白二种最佳，鲁各庄粳米最精白，牛栏山酒最香，赵各庄红杏最多，白河鲤最佳。附近麦田，或略受灌溉，家畜鸡豚足食。矿有金玉白土、石灰，红铜营旧产铜。药材则有苏梗、苏叶、蝉蜕等。东小营多造砖瓦。

乡镇

自治分十一区。

牛栏山　有中学校一，市镇繁盛，冠于全县，近议兰沽航路，以此为经点。

李遂镇　新白河决口，由镇西南溃堤，流入箭杆河，水运较便。

杨各庄　在县东三十里，白河左岸，有农校及试验场，极有条理，商市共十余家。

大孙各庄　四百家以上，为县境村落之大者。

鲁各庄　为县东膏腴之地。

村落　共三百二十七村半，有平义分一村，兼属昌平顺义两县。

制定村名　各村皆有木牌，凡三百具，于各村街头路口，一律悬挂，以便问途。

交通

赴京邮路　即旧日京师至热河驿路，亦避暑山庄御路。由京师东直门东北行三十里，至孙河镇为中尖，又三十里，即至县城。距京最近之村落，不过三十里。

赴通县邮路　自县份东南石各庄、胡各庄、河南村至李遂镇，西南经苏家庄、沙坞村、北河村至李家桥，又南经张辛庄、冈子窑、草寺村、富河庄、范庄至通县。李遂镇、李家桥有邮寄代办所，其余村庄有邮柜，为京兆邮柜最密处。

第百三十一章　密云

密云县治在京兆尹东北一百三十里，二城相连，并立于白河之河滩上。北山水发，环城而下，其势颇危，乃多筑石堤以护之，故城外砂石盈途，粗莘碍足。城垣坚厚，居民约千余户，有清特驻以副都统以治旗城。北倚白石岭，有冶仙塔，山麓为沙河滩，即因沙滩以得名也。就全县言之，县治实偏于西南，城内商务发达，中国银行亦曾设兑换所丁此。县南八里圣水头，有东西二泉，声如鸣琴，游览者多，可谓密云天然之公园。京热铁路拟由顺义达此，出古北口，经滦平，拟经费一千二百万，三年工峻。

地势

东连东陵，西北包长城，群山连亘，东北为马兰镇。东陵风水禁地，专制时君主迷信风水，今人民亦迷信风水。山中橡树、青枫、薄罗，皆可放山蚕。风水墙高于长城，不受地方官治理，镰把峪口，终不免为农家禾黍也。

物产

山果榛实、核桃、板栗。豺狼出没，时害人畜者。特产蜂蜜岁出七千余斤，杏仁二万余斤，小枣十万三千余斤，香末九万六十余斤。金铁各矿苗皆未开。药材有出豆根、苦树皮、野生甘草，可为纸烟原料。第四林场，产扁柏、刺槐、果松。

乡镇

自治分十三区。

墙子路镇　东界东陵禁地，有正关口，城西北有演武厅，东南有黄门口。

镇罗关　明镇虏东界东陵，东北通北水峪口，东南通南水峪口，西有上营下营。

石匣镇　古北要道，商肆殷盛，热河客人，多于此食宿，北有盆窑。

白马关　城在长城之本县境极北，河流自寨北入。

古北口城　东北巨镇，已详山脉章，由河东出口，即热河界。

曹家路镇　古北口正东，南临干裕河，为潮河之大支流，自热河承德县流入。镇东有北道河，自热河滦平县流入。曹、墙、石、古，前明之四镇，各驻总兵。

交通

县南大路　城南至河南寨多沙漠，至圣水头入山，至银治岭接怀柔界。

县东大路　自林家庄东潮河，经水峪康庄、沙岭至墙子路，沙场石门别有一路。

县北大路　东至经林家庄、九松山、小营、黄大梁、下园至石匣镇，又东经芹菜岭、瑶亭行宫、高岭屯、小新开岭、大新开岭、南天门至古北口。

第百三十二章　怀柔

怀柔县在京兆尹治东北九十里，城居者止四百余家，只东西大街一条，人民朴原，讼牍甚稀。县署西廊科房设第一农场，东关二里下元庄设第二农场。城西诸山钓鱼台距城三里，相传共工游息处，山水殊胜，涧流至此阔丈余，横板桥以渡，台北佟氏花园久废，而此台泉石，不愧为怀柔之公园，峰山、灰山、龙王山皆在其附近。县立高等小学校，因温阳书院旧址。商人来自山西，有三晋祠，商市集期，为一六三八等日。东关娘娘庙，三九两月开庙，丫髻山则于四月之前半月开庙。

地势

中为平原，东北两面多山，全境如黄瓜狭长。石塘山为明代大工采石之处，又有红石山，石质色红，其他名山则有白檀委谷连接密云。呼奴为邓训屯田种稻之地，至今利赖。丫髻、红螺、褚栲栳等山，风景极佳。

物产

特产山茶俗名为乌叶，岁产二万余斤，杏仁岁产二千余斤，农家高粱、玉蜀黍、小米、小麦，均为大宗。北山一带，柞树可放山蚕，出丝不多。有黏虫食苗心，形如蚕，害稼。柿饼最著名，资福寺之特产，但非卖品。梨醋为梨所制，风味特佳。

乡镇

自治分九区。

区划　共分九里。

村落　旧称一百〇八村。

红罗镇　在红罗寺之西，当县冶之西北，即红螺镇。

顺义插花地　有先圣台，相传孔子游燕北至此，无考，然可见尊孔之诚也。

密云插花地　周庄、林庄皆富庶。教育实业，应兴之事。密云有统治之权而无其势，怀柔有统治之势，而无其权，藏垢薮奸，固势所不免也。

交通

由京赴怀柔陆路　出安定门经雷桥土沟至高丽营为中尖，至桃山入怀柔境，十余里即至县城，骡车不及一日程。

由城至牛栏山陆路　计二十里，小商业所走集。

由城至通县陆路　计九十里，仍须经牛栏山镇顺义县，凡商货之大宗，多取道于此。

第百三十三章　昌平

昌平在京兆治正北七十里，昔火车未通时一日可达，距京绥铁路车站东八里，西门距车站较近，东门南门与之鼎列，无北门。城内有大街三，北街为驴市，买卖牲口，东街南街，按日有市集，三大街循环共九日，城形四方，间有倾圯者。城东则天寿山诸水，绕城北而南来，遂汇而为沙河。附郭土脉膏腴，兼产米麦，村落相望，屋宇尤为修整，民殷物阜，隐然见三辅气象焉。县公署有《教育公报》，每月一册，劝学所联合为各县之领袖。淳风沕穆，平民颇易生活，无艰窘之忧。重农商而轻读书，颇合于近人实用之义也。

地势

昌平山水，极全国之胜，顾亭林编《天下郡国利病》书，特重《昌平山水记》。十三陵之葱郁，居庸关八达岭之峭拔，汤山清淑，沙河明洁，免于水患。龚定庵谓京北可居。今铁路交通，进化尤捷矣。矿业发达，新旧砂户，争组织砂厂。

物产

果树满山，桃李梨杏，无不应时而出，十三陵樱桃尤著，京师果局书之以为招牌。皂角屯产皂角，荆条亦有用，汤山藕出暖地更嫩，烟叶尤为特产，京师烟店以北昌平为幌焉。玫瑰亦岁产数万斤，龙泉、凤凰等山，多植玫瑰、德国槐。

乡镇

自治分十区，共二十县，分二百区，多寡不均，视原订自治区增多。

南口　京绥铁路所经之大站，酒楼妓馆，因以发达，有市井习，无边塞之苦。

平西府镇　回教徒聚居甚多。学校明净，学生足班。

羊坊镇　贯市李家，世居于此，开办东光裕、西光裕、镖局。庚子扈驾，号引路侯，铁路交通，保镖事业渐微，然东北热河、赤峰，正北库伦，西北伊犁、塔城，贸易仍多。

造甲屯　有前清之官果园，每年进李子为贡品。西南里许上庄，明珠墓工亦巨。

奋奄屯　昔为汛守要地，学生坐炕面读书，大有关东塞北气象。

高丽营　镇市繁盛，而学校或阒其无人，大有朝鲜气象，可自儆也。

交通

铁路　距南口车站二十五里京绥大干，贯居庸而过，已详前章。

汤山马路　青龙桥至小汤山之路，定名汤山路。小黄村至青龙桥之路，定名仁慈路。阜成门至小黄村之路，名德惠路，因水灾以工代赈所修。

十三陵路　年久失修，车行不便。四府村明四太子陵树，今盗伐者近百株矣。

231~264

第二十二篇　巨镇

22.

巨镇

第百三十四章　黄村镇

黄村镇距京南三十五里，大兴县西境南苑之侧。清设顺天府南路厅同知司狱，南七县刑事上诉讼狱归焉。由东南入都者每停骖投宿，人文荟萃，旅馆林立，自京奉路成，过境客货多不上下，繁盛之景象一衰。民国三年，裁撤南路厅，易为京兆警备队，同知旧署，颓废不堪，大兴县移治之议复辍。繁盛之景象再衰。及东北南苑，建立集市，贸易多为所夺，繁盛之景象，三衰而竭。居民千余家，第二中学尚在镇南三里许，远隔尘市，别有园林，校风勤朴，足征自治。甲种农业学校，亦由乙种农业学校教员养成所改办。

地势

平坦瘠薄，含沙碱性。昔有龙河来自永定河三岔河口，经本镇入凤河，干涸多年，流沙绵亘，俗名沙龙，北风南卷，辄徙一二里，堆积成丘，渐而固安流去。光绪十六年永定河决，镇西变为流沙，东南遍生土硇。东南振海寺，对东北海子门。

物产

黄村黄豆最著名，黑豆亦多，可制豆精，沙地种落花生尤多。林产柳杆，沿沟成行，可制木炭。有公司专收鸡卵，矿物惟紫碱甚多。农家害虫，有食髓虫。

京兆警备队南路司令处

管大兴、安次、永清、武清、霸县五县。凡各县骑巡保安警察队，并有枪械之保卫团，得认为警备补充队，受县知事管辖，司令官节制调遣。

教育

京兆第二中学　镇南三里许，园林清雅，空气澄洁，校长居望岁楼，树有桃李松柏，池有芰荷，圃有丛菊。教员专任学生炊事会，贩卖部、进德、武术、英语各会，能自治。

京兆甲种农业学校　本科习土壤肥料、作物、园艺，实习农产制造，如罐装葡萄酒、淀粉、造盐皆有实习。标本制造，栩栩欲活。气象实测、化学分析，苟精习必可生利。

宛平县立高等小宫学　区立国民学校 均地址弘敞，尚有少数私塾。

福音堂

据街之中心，信教甚伙，讲演之形势，实社会教育家让之外教也。

清真寺

在本街之西，西域人尔忘所自米也。

三圣庙

在村南，明正德时古迹。

庙会

四月八日为药王生辰，七月二十三日为祭蝗神，每年唱戏，负贩之利也。

风俗

人民务农耐劳，妇女作家事之暇，必负篮拾粪捡柴，土习布素，无京津习气。

交通

在本镇西南三里许，附近有佟家场，南至天津，北至京师，顷刻即达。赴京大路由南苑西墙，循西红门北向，南路由饮马井，过铁路至大庄南，车道络绎不绝。

第百三十五章　卢沟桥

卢沟桥本顺天府西路同知旧治，在京兆尹治正西三十里，宛平县境适中之地，城宛整肃，比于内地府城。盖同知管西路各县而为之总汇，比于各府。民国初元，曾拟移宛平县治此，未果行，西路警备队，仍以此为重。当京汉铁路初兴，本定名卢沟铁路，即以卢沟桥为起点。此桥跨永定河，俗名卢沟河，金章宗明昌初所建桥，长二百四十步，计十一拱，名广利桥，桥栏二百四十柱，各镌一狮，皆名匠雕刻，无一雷同。两岸有御碑亭，西人呼为马可波罗桥，意国人初发现而笔记焉。今铁路铁桥又与之，成平行线矣。

地势

河水广阔，大于琉璃河，而激湍倍壮。昔年扼京师，南行第一程，半日可至。由京起程者，友朋祖饯，往往不能早发，即宿于此；南来之客，将行李在此结束，趁早入京。是以卢沟晓月，为八景之一。

物产

石子矿皆古时故于淤积顽石，铁路北段，所需铺路之石子，皆取给于此。道旁但见菜圃，不见杂粮，因京师附近，需用时蔬。沿永定河，植柳以护堤，卢沟之中产芦，亦有课，兼有养鱼及菱藕之利。

京兆警备队西路司令处

管宛平、房山、良乡、涿县、固安五县。各县保卫团保安警察队会哨，查缉盗匪，保卫地方，其日期均就各处集期，照习惯，一律皆用阴历。如一六柳泉、太子务、聚福屯，二七彭村、牛驼，三八固安、马庄，四九渠沟村、知子营，五十骆驼湾、大韩寨。

京兆公立师范学校

学生四级，一百五十一人。原定教育费极廉，校长教员多者六十元，少者三十元，又行用五折钞票，何以维持人才。由教育会及各学校呈请教育费，发给现洋，其结果，仅在二成搭现。

交通

卢汉铁路之盛时　清室迷信风水，不肯在京师设站，及以此为首站，一时地方繁盛，比于汉口。

京汉车站之近状　上下乘客寥寥，车站距城门亦远，有一岔道，距城稍近，久不行车。

第百三十六章　沙河镇

沙河镇在昌平南二十里，有巩华城，明嘉靖十九年筑城戍守，有清设北路捕盗同知，同治末重修，光绪初工峻，司狱署亦继续重修。城临安济，朝宗二水之间，明初北征及谒陵驻此，有行宫，居庸白羊，近在西北。明时边患亟，则防御以密，俨然为神京北门锁钥，故赐名曰巩华。纵横二里，方周八里，南门曰拱京，北门曰展思，东门曰镇辽，西门曰威漠，浚池离城六丈五尺，阔二丈，深一丈。先以勋臣若都督守之，嗣改都司守备。今为腹地，其城市繁盛，犹等于大县也。

地势

控制京北五县，沙河如带，昔日亦略足以眼戎马，是以因地以筑城。河之南为定福庄大道，下游为窦各庄、小沙河，河北望为洛庄，盖夹峙于两河之间；北望棉山、蟒山、神岭鼎列；东北望大小汤山；西北望十三陵，如屏如障，为京师后盾。

物产

农产粮食，每秋收时市集日收七八百石。清初有毡子作坊，当差者号曰毡爷。北有狮子营，明人征服安南时，得狮子豢之于陵旁，以营兵守之，滋生不多，曾逸于塞外。

京兆警备队北路司令处

京兆北路多盗。北路司令处驻沙河，管昌平、顺义、密云、怀柔、平谷境内。每年冬防筹备妥当，以断绝盗源，保障民生为第一要务。但各县习惯，仍有被匪抢劫，或失物无多，或恐匪类报复，不敢报案，可恨可怜，莫甚于此。总司令处特宣布各县被抢人民，如有被抢或托词保险诈取钱财者，立即密报司令处，将来查实，拿获著名盗匪，定予重赏，不得挟嫌诬告，自取咎戾。

模范国民学校

校舍教室，北屋三间，光线颇足，门外闲地可为操场，学生四十四人，比前陡增，用单级编制三组，学风亦安静。

交通

汤山马路

旧日驿路　略与铁路平行，正南有小牛房、上庄小路。

京绥车站　在本镇之西南，沿铁路有半壁店、二拨子小村落。

第百三十七章　丰台镇

丰台为宛平县南乡巨镇，距京兆尹治四十六里，京奉铁路之正干，又为京绥铁路之起点，京汉铁路亦自长辛店北，卢沟桥南，修支路通此，京奉、京绥、京汉恃此交相连属，三路各有车站，凡天津北出塞北之货，皆于此换车，京汉铁路专备石家庄、保定至天津通车，皆恃此站为连贯之枢纽。此台朱彝尊疑即金人之拜郊台，金因辽俗，以重五、中元、重九拜天，而重九则于都城外七里；朱昆田又疑为远风台，所谓丰宜门外西南之六里，有乡曰：宜迁。架屋台上，隶其榜曰"远风"者，韩氏旧居也，元人园亭多在焉。

地势

平原旷野，在三十年前，自然地势，本无扼要可言，近则京奉尤为过站；京汉交通，而岔道为京南之咽喉，京绥交通，岔道且为京北之咽喉矣，百业发皇，遂为国有铁路之总站。

物产

花卉繁多，以牡丹为最著。梅、椿、迎春等，家庭客厅陈列品，无不应时毕备，分销京津。冬日温室温床，制成黄瓜、茄子、香椿、扁豆、冬瓜，其价或数十倍于平时，其利可知。

附近各大村

柳村　跨鼓为开会用品，本村人专其技。村在铁路旁，京奉京绥之间。

孟家村　以旱船为开会著名之技，不易延请。

泥洼　以大幡为开会特色，分前后二村。

管头　东西二村，并合而为一。

樊家村　刘家村　郭家村　赵家村　居民颇整齐。

张家路口　万金村。

鹅凤营　复辟之战，落炸弹四枚，受伤者五人。

花神庙　为十八村养花之家所奉祀；春日开庙会，其神像各手一花，演戏甚盛。

交通

京奉　经柳村、东管头、前泥洼之南。

京绥　经万金寺村之东。

京汉　不经本镇之各村。

第百三十八章　清河镇

清河镇距京北二十里，为京绥铁路车站，地属宛平，居民五百余家。商市在桥南者，有官盐店及游缉队官厅，及福音教堂；桥北则有警察第一区，回教礼拜寺，高等小学校。在其北端，商务以粮店为大宗，有广通当铺，为旧商之雄厚者，三义和烧锅一家，贸易亦盛，逢单日为市集。回民居多数，日屠老牛、栈牛，风气近于京师，清真好洁，多有营澡塘业者，可谓清矣。制革厂在清河街外西郊，自辟一大规模。陆军预备学校，则在清河以北二里许。

地势

清河在镇市之南，跨以长桥，上承玉泉之来源，下达孙河之水塔，其水清洁，近于山而流于平地，无湍流激浪，亦不通舟楫。京北孔道，自铁路通而陆行者少，土路坦荡，京师胶皮车，亦可直达。

物产

清河酱菜太聚最著名。每当秋收之时，市集每日所收粮食，约在一千五百石上下，以大豆、高粱、玉米为多，麦秋时大小麦上市亦旺。烧锅自造之酒，每斤不及一角，入京则其价加倍有余。烟酒公卖局，缉私酒，罚甚严。

清河溥利呢革公司

有弹毛、纺毛、染毛、织毛各种机器，分科治事，平时工人多至三百余人，皆本地人居多，羊毛皆自张家口外，由京绥铁路运来，所制成品，由铁路运销京师，苟办理得宜，则军装一项，不致用外货矣。

清河陆军预备学校

陆军学校，管理较严，今则益加整饬，本地学生亦有入学者，然居少数，各省青年所萃，自以野外为宜。

附近要地

永泰庄　多农家，共百余户。

马房村　外八家酒店，今余二家，共百五十户。

西三旗　有永德泉烧锅一家。

上地　苏氏拥地百余顷，称巨富，居民数十家。

交通

京绥铁路　每日火车经过，停车者四次，快车过此不停。

大车小驴　为就近运货入京用品，比铁车廉而较便也，青纱帐时有路劫案。

第百三十九章　新集镇

新集镇在宝坻县西北四十里，水陆交通、工商发达，京兆境内第一巨镇也，位于泃河南岸。街市东西长三里，南北里余，街之两端，皆有栅栏门，北有土围，以防御土匪。宝蓟三香四县交界，有小汉口之名。纱厂在西栅栏路南，铁厂、颜料厂均在后街。巡警局、商会、模范小学，均在东栅栏内路北关帝庙内。距街西南二里许，宝蓟中学在焉，由古庙改筑，偶像一律迁毁。商家以本地人为主体，间有山西人，风俗淳朴，无戏园妓馆等消耗之场，以一四六九日为集期，平日交易亦盛。

地势

平坦而高亢，临河而不受水患，农田土壤膏腴，历岁恒丰，周围数十里，皆无山，北望盘山，如后屏然，洵河萦绕于北，码头与街市相连，春秋水盛时百艘连樯，萃集于此。

物产

输出货物以布匹、高粱、豆麦为大宗。纱则就地分销附近各县村庄，为织布之用。铁厂出品之锅年久不炸，洋炉亦仿西式。颜料厂之原料，皆采自北部山中。纯粹国货，成绩卓著。

附近村庄

达官屯　在中学南半里，居民二百余家，昔有蒙古人做官者居此，故名，现在皆为平民所居，人多务农，有国民学校。

张仙庄　属蓟县，在镇西二里。创办纱厂铁厂者，即系此庄之富绅卢桂芬，集资巨万，现信用昭著，苏广商人，有远来投资者。居民三百余家，多殷实之户，有高等小学，及女子小学，足征富教也。

交通

陆路　三香宝蓟互相往来之中枢，东北距蓟县城七十里，西北距三河县城三十里，西南距香河四十里，往来皆不过一日。进京由正西皇庄、夏店、燕郊、通县九十里，即附火车，是以行旅极便。

水运　由洵河顺流下，至芦台、天津，舟运极便，上溯平谷、三河两县，每年由春分开冻后，可通航以小雪为止，顺风两日可至芦台。上年内河小轮船，曾上驶至正东白龙港。船捐，永不恢复。船商岁助宝蓟中学一千二百五十元。

第百四十章　长辛店

长辛店距京兆尹治西十二里，宛平县地。距卢沟桥十二里，为京汉铁路极要之站，凡北段存车厂、修车厂、材料所工厂、铁路见习所悉在焉，车行过站时由车中西望，各厂所毕呈眼底。西南有砖窑一，亦在路线迤西，夹路乡村，如扶如拱。西南即良乡界，路轨未通以前，南北旅行，每以此站为宿站，车尘马迹，有由来矣，京汉旅人，欲径赴天津者，每由此换车赴丰台。又站西三十里，有戒台寺，院宇宏敞，避暑者趋焉，内有二人肩舆，曰扒山虎，专为游客而设，或订期到站迎接。第二区烟酒公卖局驻此，管西路五县。

地势

东带永定河流，有湍激奔驶之势，因其水力，以创办水碓、水碾，可省人力，又无需煤火之费，天然利用之大端。西望戒台，在太行屏障之中，旅居本地之西人，视为别业。牛佛阁在其北，登阁远眺，俯视群峰若培塿矣。

物产

青砖俗名洋砖，亦有红砖，为西法陶器之巨厂，京汉沿线，建筑车站宿舍，多取材于此，本镇所建工厂学堂及天主堂，皆坚实，足见陶土之良。戒坛卧龙松枝蟠若龙。

养路工厂

分科　木工、铁工、土工各科。

工匠　二千人以上。

工作　修葺道路车辆。

车厂　停放空车甚多。

见习所

性质　近于职业补习学校，不如唐山专门工业学校规模，可为基础。

文字　重用法文，因京汉借比款，雇法人承修也。

翻译　闽人居多数，因船政学堂先习法文也，他人但知京汉一路，闽人占优势，其实则由教育得来，非幸致也。

通票

岔道与丰台相连，即联络京奉、京绥两线为一气，津浦、沪宁，亦五路合一，有通车票，行李过磅，交付车站，即手一皮包，自行换车，到所到之站，再取行李，以免换车时难于照料，世界愈交通，出门愈便。天津、保定，由此有直达车。

第百四十一章　廊坊

安次县正北三十五里，昔本荒村，自铁路交通，渐成市镇，安次县城人民入京者，多取道于此站。街长三里余，以车站北为较盛。昔日庚子之变，德国兵营于此街正东，建筑营房，周围四五里，今归陆军部收回。方德国挟重兵而来，拆民房，据土地，视若无人之境，及与德绝交宣战，始由陆军部发给官价收归国有，现驻奉军，为数万计。铁路南修营垒，现驻者为西北军也。有高等小学校，学生百余。莽莽平原，无大山川。出产无多，惟商行、粮店最巨。西山煤窑，亦由此转运，外人贸易有美孚、亚细亚煤油发庄。

廊坊古村

原在车站北，不过十余家，务农小户。

廊坊商务进步

浴堂　由一家增至七八家。

烧锅　已有一家。

官盐店　一家。

廊坊之兵祸

复辟讨逆之役，两军开战，廊坊、万庄一带，首被兵祸，哀我良民，或误被伤害，或田庐牲畜财产损失，家属流亡，均堪悯恻。由京兆尹公署训令安次县知事会同委员调查，列册请加抚恤，墩台村、西务村、翟各庄、北昌村、豆家务，秋禾损失，已赔偿。

边防军占用民地给价

每亩全年租价二元二角，分两季给领，其中有种麦田者，按亩加租临时赔偿籽种费二元。现下脱坯堆料所占之田，均属白地，暂用一时，每亩亦加给一元，以示体恤。

国民学校

斗秤牛猪果木六行，交纳杂捐为就地自筹之经费，专归学校收用。

高等小学校

新修校舍尚未开学，防疫时借用之。京兆廊坊临时防疫医院，设于本镇动忠祠，置中西医长各一人，医员六人，及疫氛扑灭，遂撤院开校。

第百四十二章　海淀

海淀距京师西直门西者十二里，为京西第一繁盛之市场，有中国银行、邮政支局、电报局。街道自东至北，为万寿山之通衢，夹道市廛，与京师无异，凡京师所有，海淀无不有之。辽金元明以来，即为巨镇，康乾之盛，驻跸圆明园之时，海淀贸易，早已发达。及颐和园兴工以后，引见人员，或在海淀旅宿，以备早朝，是以京官多营别业于此，近年多退职人员，避嚣于此，房租日用，比京师稍廉。水泉清洌，遍地无苦水，东有蝎子湖，广数亩，附近农田，资以灌溉。旧日世族，住灯笼库，朱门碧瓦，亦渐见颓废矣。

地势

西苑近接颐和园外，收买民房稻田，改为大操场，有阅武楼。颐和园外之街市，与海淀之街市，仅隔此大操场，地广百顷，坦平宜于大操，建筑营房，与颐和园邻，按照步马炮工辎新军营制，能容一师而有余，今所驻者为第十三师，及第十六师，营北有营市街，戏园茶楼皆备，圆明园南墙距此约一里。

物产

海淀稻米、莲蓬、桃、荸荠、藕，特产莲花白酒，酱小菜，均著名。临河得鱼，付之酒家，其味尤美。工厂制造，有牙粉、胰皂之类。

自治会

在西栅栏双旗杆关帝庙内。

西郊劝学所

属于京师学务局，以四郊为限，东南北三郊皆有之，惟西郊地方皆庶设学较多，健锐营外，火器营所设学校，皆属于此，附设阅书报社。

私立海淀高等小学校附国民学校

新庄大胡同路北，此处尚有外国教会所设之学校及私塾。

清真寺

西城回回远来，乐居西郊，以此为西郊之总会，附近蓝靛厂、馒头村亦有清真寺，其人皆务商业，而招牌必标举清真。

福音堂

据大街之中，最得形势，得英美富商之助，建筑高洁，又有医院以收拾贫民之心，其牧师虽文理不通，科学程度不高，而勇于讲演，胜于国人学术通博而不能讲不肯讲者。

交通

游西山八大刹、万寿山、玉泉山、香山者，皆出其途，外宾亦多，马路平坦，汽车往来如梭织，胶皮车尤多，可以漫游；若乡人入城出城则附大车，夏日亦有布棚，车上人满，颇拥挤。西郊旧世家，仍用骡车。至菜圃运菜，至菜场则多用手推车。

第百四十三章　蓝靛厂

蓝靛厂距京师西直门正西十二里，有营房，名外火器营，城市比于大县，分八旗，西南有圆明园厢蓝旗一旗。营内有大街二，一由南门通正红旗关帝庙，一由东西门相对，不甚长。营东有河通昆明湖，下游即护城河。营外西门大街，不甚繁盛。南门外西顶庙，每年四月开庙半月，自初一至十五日，颇繁盛。旗户二千余，丁口逾万，今披甲月饷，不过纸币二元余或三元，生计大窘。四围膏腴地，皆民田。商户亦汉人为多。旗民有织布工厂一，在西门外小教兵厂，做工者不及百人，成本过昂，销路颇滞云。

营制

翼长管八旗，帮办分管四旗，直辖两旗。营总三人，各辖两旗。

正参领四人。副参领四人，各领一旗。以下有委参领八人，空花翎护军校八人。护军校每旗十四人，蓝翎长每旗十四人，高枪长每旗十四人。各领一队，每旗十四队。

物产

旧有一隅之地，特产蓝靛，今农家鲜有种者。惟冬日所产水萝卜所含水分极多，可解煤炭毒。河中产鱼充口，随时可得鲜鱼中。东门外水稻极多，颇似江南风景。夏日莲花、藕芡、宝慈菇，亦多运入京师。农圃以黄豆为最。

旧火器

将军炮，昔年铸炮，每锡以将军之名，运转不便，宜于守不宜于攻。又有鸟枪、抬枪，皆康乾旧式。

备补军

现定额一千人，照新式兵操练习，以备各军咨调备补，平时每人津贴银二两。

教育

外火器营高等小学校在营房西门外，原系印房改造，学生百余。八旗各有国民学校一所，各在本营房内，均系旧日官房，每校四十人，可立军国民教育之基，有自治气象，惜其定额太少。

附近之地势

圆明园八旗　散居八处，拱卫圆明园。距城近者十二里，远者三十里，翼兵住本旗，自咸丰英法焚园以后，颇觉寂寥，惟颐和园盛时，亦资拱卫。

健锐营八旗　散居八处，且有一旗散居三四处者，依西山一带形势结营，有坚垒仿大金川之口楼为之，如碧云寺、卧佛寺、八大处、玉泉山后，皆择要害之地，驻以重兵。乾嘉以前，名将辈出，不愧为健锐也。

第百四十四章　采育营

采育营距京南八十里，所辖有七十二营子，为左安门东南大道上第一大镇，昔设巡检。古安次县之采魏里，明初为上林苑，后改蕃育署，合而名之曰采育镇，至今民间旧契，尚见有蕃育署印者。昔有良牧、林衡、嘉蔬，所谓外光种也，统于上林苑署，不隶京府。盖元起沙漠，用以牧马，永乐二年移山东山西民填之，有恒产、无恒赋，但以三畜为赋。旧有鹅鸭城、义犬庵，今皆无考。文庙文昌祠，每岁春秋必旧祭。原有凤河营把总今裁。风俗不良，其妇人多佣于京师娼家，时有拐逃之案。

地势

兔岭一拳阜，余皆平坦。西行二十余里，前野厂、后野厂一带，地质多含沙碱，但可以种果树而不能营农圃，因收成稍薄。河流为凤河，其源出于南苑之团河，流经镇西，下游向东南经凤河营出界。东南二十里，有聚燕台。

物产

小麦最伙，磨面粉运销京师，号曰乡下白面，较各路机器水磨者，价值尤廉，是以销路甚多。烧锅所制高粱酒，运销于京师者，曰南路烧酒。所产果品桃杏均多，山楂蜜糕制造尤佳。又有打瓜一种，专为取瓜子之用，其瓤亦可食。

附近各村庄

山东营　多山东人移居，有北山东营、南山东营。

山西营　多山西人移居，若南北蒲州营、河津营、赵县营、沁水营、潞城营，皆仍用山西原籍之地名。

韩家营　以打瓜为最盛，其瓤味尤美。

沙窝营　居民最多。

前野厂　桑葚最盛，专卖作果品，不用桑叶养蚕，间有取叶养蚕者，作为玩物，采叶以后，桑葚即不能成熟，桃杏亦多。

高家店　梨桃杏最富。

罗家庄　李家堡　产山楂最多，制成山楂片。

交通

由京奉铁路者　南行十五里，在万庄车站上下。

由大车入京　昔为山东天津入京大道，今惟附近乡人由此。

第百四十五章　庞各庄

庞各庄距县六十五里，由黄村车站往来，距黄村二十五里，有居民六百余家，商店百余户，烧锅三家，资本雄厚；粮行十余家，布行、杂货行资本亦殷实，钱行由粮行兼办。商会成立，置有房屋二十余间，商团百余人，均有新式枪械。高等小学，因星渠沟舍之旧址，大加拓修，有校舍百余间，宛平各乡学之模范；附有国民学校，乡立国民学校在娘娘庙内。校室六间，由青苗会办理。警察所就原有巡检旧署，内勤十人，外勤二十人，内有马队五人。有家庭工厂，以纺纱为主，绅士崔星三经理，每月传习十五人。

地势

道路坦平，可以驰马。距永定河十余里，附近村庄密布，深虞河决，堤防颇严。沙地不耕者，如大营、桑垡、马房、赵家场、诸葛营一带，收成歉薄；其膏腴者以大臧村，北臧村、张公垡、东西黑垡、高各庄、支各庄一带。

物产

农产花生为第一大宗，小麦、玉米次之，五谷完备，果物则有桃杏李等物。至于工作品则有油榨，出花生油及油饼最多，南销沪闽，芝麻油、豆油次之，近日纺成之线亦多。

村镇

狼垡　居民五百余家。

天公院　居民三百余家。

新立屯　居民一百余家。

石坊　居民一百余家。

梁家务　居民一百余家。相传明以前居民甚少，由前明始迁入，实最古之村落。

大臧村　周姓居多。

皮家庄　林姓董姓居多。

交通

由庞各庄至黄村　有大车运货，人所乘有驴马。

由庞各庄至榆垡镇　二十五里，为宛平南大道，昔年深武饶安等县，取道于此。榆垡以南十里铺，交固安界。

第百四十六章　门头沟镇

京西之有门头沟，犹京东之有通县也。京门铁路之附于京绥，犹京通铁路附于京汉也。凡最短铁路之终点，必为最繁盛之市。门头沟旧为西山运煤之总汇，犹通县旧为东南运河之总汇也。民非水火不生活，京师之燃料，其数量必数倍于食料。京门铁路车站，即城子村，山距煤矿尚远，山中驮户万家，赖以为生。有拟修门安铁路者，有拟修城浮铁路者。曾由城子村经天桥福，沿官路旁，铺轻便铁路，以便煤运；又于黄石冈，铺石子路；通源公司，并请疏浚永定河运煤，首创航业未果，矿业因利局设运煤手车焉。

地势

永定河上游，以至青白口，以山为堤，东河流于两山之间，不设防亦无游溃，惟山脉高耸，河内沙滩、石滩亦于长江上游峡江略相似。田高河低，农民每于淋滩堆筑石子，引水入渠，以资灌溉。沿河板桥，每于白露搭造，惊蛰拆去。又各村公渡，皆以铁绳拦河系之，水小则绳高，水大则绳低，通航亦多不便。

物产

宛平县各小窑，出产柴煤，倚为世业，在矿税局注册，系为巩固产权，因洪水为灾，营业状况，未能恢复，经农商部核准展限，亦如农家之有丰歉也。

黄石冈建筑石子路

一、由门头沟车站起，修石子马路，沿途经过耿王坟、龙门、通兴煤窑，进门头沟楼门，盘山路直至官园西口为止，计长八千五百米突。

二、全路先按地平高低修筑土路，计宽五米突五十生的，连两面水沟在内，上下平均，宽以七米突为限，去高填凹，均按八十生的。

三、土路成立后上加小石子，连两面之土边在内，均宽五十生的。原十七生的，厅成后以十五生的为限。

四、石子铺成，再用石滚带水并沙土，往来转压，以压坚为止。

五、山路高下不匀，每遇山沟，及道路低凹之处，须加桥梁水洞，按地势建筑。

六、由官园西口起，沿途经过骆驼湾、官厅、东来窑至高风门口为止，共五千五百四十米突，盘山过岭，高下参差，高平线按百分之七修筑，宽五米突，填一米突。

七、风门口至黄石冈一带，纯属山路，中隔山顶甚高，须开山穿洞，始能通行，该洞约长五百米突，因路两旁煤矿甚多，必须挖穿山洞，以便联络。

第百四十七章　斋堂

斋堂镇属宛平县，距京兆尹治百六十里，地图鸟道不过百里。自门头沟以西，万山重叠，道路盘纡，升降山岭，尤费时力，是以由门头沟至斋堂，尚需二日程。斋堂分东西二镇，相距约一里，共有居民五百余家，他日煤矿开，由门头沟延长铁路至此，地方必益臻繁盛。此镇已至西山深处，森林蔽天，西南有圣泉寺，相距三十余里，水泉清冽，风景清幽，为避暑最佳之处。惟僻在深山，冠盖往来绝少，夏日尤可避嚣。斋堂有城而缺其南面，即嘉庆六年，山水所冲刷，夏秋苦潦，沿河均无堤防，幸其泛溢为时不久而已。

地势

自门头沟入山，舟车皆不通，人力负载，牲口驮运，至为劳费。经峰口庵、大寒岭、牛角岭皆崚极，其余小山，不计其数。山中高原之平者，大不远数顷，山沟通流易涸，皆石子，不能栽种，惟山坡可种植。百花山为主峰，白铁山古刹，即名斋堂。

物产

核桃、杏仁为果物大宗，杏子成熟，无异秋收，枣梨亦盛。农产不宜麦，以高粱、玉蜀黍、小米不足食。制造品则有砂锅、砂壶等陶器，原料用本地砂土制成，运销京师，价值亦廉。各种矿质、五金具备，而煤尤多，因交通阻碍，未即开采。

乡镇文庙及形势地

齐家司　原驻宛平巡检，由齐家庄移至东斋堂，现改第八区警察所，设警佐管理之。南北七十余里，东西亦七十里，足当东南一县也。

清白口　为宛平第七区，其人民外出，仍自称为斋堂人。斋堂范围，实周回数百里而遥。清白口之清水，即斋堂川，古名灵桂川，由灵岳寺得名，此寺建于唐贞观初，元灭金时，蔡某蒙黄冠而驱释子，据为巢穴，清人诛蔡而还之寺僧。

文庙　原在辑宁门内，嘉庆后，平罗营守备因水灾移署于文庙，继移圣像于北庵，道光时大成殿仅三楹，东西舍捐立义学。

天津关　在斋堂城西北三十里，黄草梁之麓，山起人面，云生马头，路通怀来。

龙门涧　城西北三十五里，悬崖峭壁，龙湫激鸣，行六七里，天如一线，亦通怀来。

黄草梁顶　遗有七墩，俗称七座楼，横二里，联络石墙，今墙颓墩存。

洪水口　炮位烽墩，布置井然，有明之远制也。

里社　桑峪、清水二社，每社里长三十人，清厘籍贯，催交钱粮，户皆清白，无逋赋。

第百四十八章　牛栏山

牛栏山在顺义县北二十里，为赴密云古北口大道，怀柔亦由此分路，居京北五县之适中。《明一统志》改名顺义山。元太祖次牛栏山欲尽戮汉军，木华黎以石抹孛迭儿可用，奏释之。山与狐奴山相望，其第三峰，腰间一洞，相传曾有金牛出食禾稼，田畯逐之，投以砖石，辄闻水声，或以物掷之，良久自山旁，白河浮出。其北里许灵迹山，二山一脉，前山石身负土，后山土身戴石，前大后小，行人总以牛栏名。山之东麓，潮白二河相合，有龙王庙；山之东南，为漕河营，有城二门，原设把总，今铺店数百家，四七九日赶集。

地势

灵迹泉在灵迹山佛座下涌出，西流绕玄武，溉稻田五十余亩。灵迹院东郭下灵迹井，水最甘美。山不崎岖，迄为平原，河流交错，因水陆交通，而开为商场，银行百业所集，中小学亦兴，地势之便利也。

物产

镇东北史家口一带，皆产石灰。白河沿岸种麦，白河下游多渔业，鱼类以白河鲤为最，谷类有红旱稻，曰旱稻，又有春麦，与塞北相似而早熟。兰蘑亦与口货相近。山中野兽，有布云虎，今不常见。

附近要地

史家口　镇之东北，当怀河入白河之口。

下坡屯　镇之东南，其西有下坡等。

半壁店　镇之正南，其东南有张家庄。

北军营　镇之西北。

京兆公立第四中学校工程

面积十二亩有奇，共瓦房四十二间，土房十四间，新建楼房十四间，瓦工八间，尚拟添洋井澡堂，计银九千八百二十四元。

交通

三家店　顺义县西五里，地当孔道，有行宫，行役往还者，接踵于牛栏山。

南石槽　顺义县西北三十里，为热河要冲，亦有行宫及旅店宿客。

北石槽　接连南石槽相距三里，亦有酒肆茶坊，应接逆旅。

渡船　清初岁支修理渡船舶一两五钱，水手三名，工食九两，不足由地方捐。

兰沽航路　起牛栏山，终天津，设定期航路。

第百四十九章　张家湾

张家湾在通县南十五里，滨临运河，昔漕运最盛时，为京师之门户，以京通、湾卫并称。彼时天津始设卫所，未设府县，仅可与张家湾并列也。顺天府通判，原驻于此，盖其地亚于四路同知，重于各县也。其街市繁华，亚于通州，犹有京津气象。今因火车不出于此，漕运久停，富商早已转徙他埠，惟广厦尚存。然咸丰之末，英法联军入寇，科尔沁亲王僧格林沁御之，败绩于此，遂有圆明园之劫，热河之狩，逼而为城下之盟，此亦国耻纪念之地，不可忘也。光绪庚子之役，李秉衡御联军，力战没于此焉。

地势

北运河多湾曲，治河工者，方拟裁湾取直，张家湾为湾之最著者。潞河自东北来，折而东，舟运盛时，运河帆楫，虽遇顺风，亦须拉湾，盖河之湾处，顺风为逆风也。至河滨老舟子，有谓河之湾曲，可杀水之奔放，若一律改直，则恐水患愈烈。

物产

农产五谷皆备。林产有九曲松，盘困如老龙，俗名湾树，又有古藤根，亦见曲折遒劲之状。葡萄架架亦繁生，皆可为美荫，瓜蔓点缀园圃中，而金瓜则专为陈设用之。制造品，则有草帽、缏织席、织带。

附近要地

漷县镇　为漷县故址，邑居不及三百。清设州判一缺，隶于通州。自张家湾以下，河西务以上，惟此码头，停船最多。昔漷河白卢沟分流至漷县西，析为三，一曰漷河，绕漷县至张家湾入白河，二曰新庄河，三曰新河。盖漷县夙为凤河故道，桑干一派东由凤河出，是以重也。初为汉泉州之霍村镇，辽为漷阴镇，金为漷阴县，旧治在城南隅；元升为州，迁于河西务，至正间复旧治，改治于城东北隅；明为漷县，清初省入通州为镇。学宫尚在，岳文肃公祠，祀前明岳镇。

河西务　在运河之西，原有主簿，以司河防水利。有驿站为为京津之要路。河滨昔日停舟极多，自火车通而舟运减，市面远不如昔年，至今犹为武清、香河邮路之之要镇。东北距香河二十里，西南距武清三十里，又西北二十五里为安平镇，亦为著名镇市。

永乐店　通县南五十五里，南至武清亦如之，户至五六百，殷实者多。地高水不能至，百货骈集。旗人曼殊震钧，著《复漷县议》，拟设治于此，姑存以备考。

第百五十章　牛牧屯

牛牧屯为香河县西北要镇，邮区图作牛堡屯，临箭杆河。上游李遂镇决口入箭杆河，有议于牛牧屯地方挑挖引河插入运河者，此议殊不可行，虽经外国工师测量，究竟无切身之利害。盖以运河自李遂改道，日益淤浅，从前只一潮流水量，尚不能容纳，益以箭杆河，自非疏浚减河不可。惟牛牧屯工短事简，青龙湾长近百里，又有改堤之议，下游七里海，淤成平陆，仅一线通流，即同时兴工，牛牧河必先工竣。若减河未毕，大泛前放新河入运，势必泛溢四出，必俟下游工竣，始开新开河土坝，以防流弊。

地势

介在箭杆河、运河之间。村西运河之河身，高于箭杆河身六七尺，水性就下，何能强之使上，若仍使潮白巨流，由箭杆河走蓟运以入海，则三香蓟宝宁等县，所受水患，仍不能免。年来北运安澜，局长王福延，与有劳焉。

物产

地多膏腴，农产五谷丰足，比上游李遂镇，下游青龙湾沙域各地，不啻倍蓗。昔在元时曾为牧牛之地，牛种蕃息，今乡下牛乳价廉制酪极便，老牛栈牛不能代耕者，回民屠之，牛肉、牛皮、牛角、牛毛，皆可为食用所必需。

附录：河工大概

新河　自李遂镇下迄青龙湾，沿河地段，绵长二百余里，开河收地，分别按上中下三等定价，以牛牧屯附近腴地，列为上等，村庄庐墓，并求绕越。

东堤　香河县城本低洼，从前北距箭杆河，尚有七八里及十余里之遥，然北门外被沙压之地，已有多处；今沙务、吴村，下至牛牧屯之新河，距县城极近者，乃仅里许，且不免有坐湾之处。务请将由新闸抵牛牧屯入运之处，距城近者，加高培厚施以硪工，其坐湾处，酌筑砖灰各坝，以期保障安全。

土门楼　沿青龙湾一带香宝武交界地点，素为土匪、马贼出没之薮，青沙障起，藏纳尤易，全赖警备队，分驻工段，弹压稽查，防患未然。

滚水坝　箭杆河及蜈蚣河现有滚水坝，拟一律改建洋式新闸，俾资宣泄。

青龙湾河中营村决口　以二十六日之工，在中营决口西半旱堤工长四十丈，均已筑成，多系沙土，河内外并无胶土可取；又接前水堤工长三十五丈，所用系河内淤滩之土，尚非纯沙。下游河淤甚远，即挑挖亦难畅流，于新堤无关。

第百五十一章　杨村镇

杨村镇为武清县南巨镇，前清曾设通判于此。近接天津。风气相似，东西二村，夹运河而对峙。京奉铁路大桥，横亘其南。东站在运河西，西杨村之南，阛阓栉比，市廛殷盛。河水平缓，两岸均有码头，昔年漕运盛时，早已帆樯林立，今因舟运比火车价廉，商船仍络绎不绝。车站距市镇三里许，近于凤河，近年省议会有议口决鱼沟，引运入凤，流至杨村龙凤桥下，仍入运河，为泗村店等二百七十六村所反对。盖凤河下口淤塞，自大南宫、三黄堤下及龙凤桥，节节不通，永定倒漾，杨村亦日处危境矣。

地势

北运河下游至天津浦口，永定河自西向东，有横行撞入之势。运河下游被淤，若裁浮取直，疏浚后河溜日畅，宜于杨村铁路二十四号铁桥下，朱庄以南，奔于庆府挑浚引河，插入新开河，经榻河淀穿金钟河入海，则北运一河，由双万入海，不但运河得利，即永定河清水河，亦增一宣泄之力矣。

物产

杨村糕干，名重京师，胜于西法饼干，惜未能装入铁罐，饰以五色广告也。道旁杨树绕村旁，可谓名实相副。

附近农地

武清农地面积虽三万余顷，而杨村一带，因河流道路荒弃者，约占十分之三，约计万顷；内务府各王府租籽地，约占十分之二；民国不过一万四千九百五十四顷，不及半数。

附近要地

蔡村　在杨村之上游，为昔年舟运帆樯鳞集之地，至今日仍为运河有数之码头，商务亚于杨村，邮路相距二十五里。

梅厂村　在镇东二十里，详模范村。

崔黄口　在杨村东北四十五里，为赴宝坻之邮路。中有大口屯，亦有市镇。其西河北屯亦著，皆宋人防辽所置之屯田也。

牛镇　昔以产牛著，实附近农民牲畜交易地。

侯上村　警备队所分驻者。尚有蓝城、小董庄、大小周村、碱厂、高村，又有田户等村，亦请驻队。

第百五十二章　王庆坨

王庆坨为武清县正南之镇。镇当天津之西，南距津浦铁路杨柳青二十五里，即大清河；北距葛渔城二十五里，即永定河，是以顺水修堤，以为防护，与就近亦无妨碍。本镇高等小学，房基值千元，为学董张际康所捐。地方繁盛，财政问题，不致过于棘手。原系武清第八区，面积甚广。近日汉沽港，因交通不便，公务阻滞，请将汉沽港十二村，析为第九区，或以为本镇及附近小村，势分而力弱，然分治之后，尚二十七村，其富力虽他区一区有百余村者或不及焉。

地势

浑河北贯，清水南横，二水之间，微有高阜，可度地以居民。然历代治河者以筑堤为务，无异挑土填河，堤身日高，河岸亦随之日高，现在堤比平地高三丈余，比河底仅三数尺。永定下游至北辛庄，入北运河，尤淤垫之待疏浚者也。

物产

堤土性质松软，近年亦知多种树木，培植芦苇，淤肥所积，或成腴田，五谷繁殖。民间任意做埝，致西堤之间，河流或无正身可寻。渔人捕鱼，由河滨运以入市，而大宗则销于天津。其飞蝗害稼者，即捕而为粮，积之成囤，其味如虾。

附近各地

分区事项　自治愈密，分区愈密，原有第八区范围本狭，惟生聚众多，过于他区，不能不分。自治成立，维持地方治安，不能强分，亦不能强合也。

东萧庄　艾蒲庄　陈嘴村　原系第八区所属，今改归第九区，虽有少数人反对，亦无效。

汉沽港　亦武清大镇之一，生聚既盛，遇自治事宜，遂以为第八区遇事诿卸，并不管理，呈明独立自治机关，筹备进行一切事宜，经费、区域之划分，均与第八区无所妨碍，且较隶属八区，多所便利。

交通

赴天津旧路　正东经三河头、韩家墅东至北仓，南至天津。

赴京大路　多取道杨村上车。

赴天津新路　多取道杨柳青较近。

邮政　设立三等邮局。

第百五十三章　金门闸

金门闸非寻常商业之巨镇，乃沿永定河之巨镇也。设管闸委员，由永定河务局长委任，管理本闸启闭事宜。京畿河工处督办坐办，亦常派员视察测绘。河务局设一局长、三理事、十四县佐、四武汛，并两队长、两稽查、三常防员及工巡兵、目巡兵等共一千二百名。工段绵长，近接郊畿，淤塞壅滞，险象环生，防护修守，比各河尤难。然此闸为永定减河水涨时，放水入白沟合大清河，但大清一涨，白沟受顶托，不利下泄，涨溢为灾，因白沟亦年久淤塾，消水无力，为灾有余。议者以为害及两河，不如堵塞为愈也。

地势

永定河两岸，沿亘四百余里，河身高于平地二丈有奇，埽至二千二百余段之多，备虞防险需人。前清河道，职尊权重，五厅二十一文汛，两武汛，并都守协三营，两岸千把总及额丁一千六百八十九名，可见向来注重。

物产

永定河身，自六工以下，两岸相距十余里至四十里不等，任水遍流。近日人民贪地，多筑埝坝，禾麦丛生，并有偷将支流堵塞者，一家一村，稍获农利，而大为全河障碍，因河滨芦苇之利，不如禾麦也。近年工程队栽培堤柳甚多。

永定河务四分局

南岸上游　南岸下游　北岸上游　北岸下游

永定河务二十工

南北各十工，除四工有分局驻守，余十六工，各设驻工办事处。

各工主任，以分发永定河县佐，及旧有人员任之，受分局长监督。

每属春工防泛，及特别事件发生，得派临时人员，每工又分若干号，以期周密。

工程队，受主任命令办理，修估防抢，及栽植看守事宜。

交通

永定河电报局　设司事二员，由局长派充，管理电话设备事宜。

刷沙船　拟添置数只，行驶河中，助水刷沙，槽深流畅，水患可止。

下游　永定本无下口，始则夺凤河南入大清，继则穿凤河故堤并入北运，而北运、大清仍会流于三岔口，藉海河归海。近因大沽口门，海潮顶托虹桥，上下节节淤垫，以致天津被灾，今拟由永定入运之北辛庄、屈家店，开一新河入海。

第百五十四章　清华园

清华园距西直门十里，为京绥铁路北行第一车站，离尘绝俗，不愧清华。西郊多清室贵胄之园林，惟此园今日最有用。清季美国退还庚子赔款，设清华学校于此。其课程与前清学部中小学堂章程微异，隶于外交部，为留学美国之预备科，招考比他校为最严。民国以来，所授课程，亦与教育部法令规程微异。盖美国无教育部，而隶于内务部，国家惟注重国民教育，有长至十年八年者，中学大学，则私立者，各有精神，国家亦不限制其课程。吾国教育与美国大异，当从国民根本上整饬，何待外人监督乎。

地势

当京师之西北，为欧化发达之地，建筑道路，渐似欧洲，别为一新世界。中国地理家恒言，以西北控东南。今日清华学风，如童子军之类，皆为京师各校之先声，则北京大学，亦往往从其后焉。

物产

园中移植美棉，号曰共和花，其团结之力极厚，其联络之系极密，其纤维之发展极长，无松散腐败之弊，此嘉卉之可衣者也。美国玉蜀黍，其粒红，其实大，其所含之粉，无异小麦面粉，可制中国之细点、西洋之面包，此嘉卉之可食者也。

清华学校

全国学生视为出洋捷径，优秀青年所趋，如百川赴东，太平洋缩近矣。

清华学校职教员住所　此校教员皆专任，因不便兼差，而管教较为专一。

清华孔教会

浅见者或疑学生偏重洋文，其实则笃信孔教者，能传教于海外。

《清华学报》

按日出版，分售处远至海外，夙多高文名论，饶口龄教授之功也。

清华园售品所

陈列应用之品，以售之学生。近日抵制倭货，皆以国货代之。夫吾国排斥外货，先抵制美货，国民公意，为外交后援，其风亦自美国传来，公理战胜强权，世界之福也。美国尚发明，吾国罕闻焉，留美于美者，其舍空谈而求实用乎。

义成木厂

在清华园内。凡世界进化之都会，必有最新之建筑，清华园特设木厂，足见包工事业之发达，且不但在本地包工，即京津之中外工程，亦无不包办。夫华工在美而见妒，足见华工之天才，优于白种，惜乎不好学问，未能自强也。

美丰汽车公司

西郊马路交通，名山、胜境、离宫、别苑、农林新场，方外古刹足以游目骋怀，是以汽车往来，无异都市，胶皮人力车，亦可直达。

京绥铁路

每日开行火车，往复各四次，共八次，皆于此上下其客，货车在外。

第百五十五章　高丽营

高丽营距昌平县治四十五里，前清有外委驻扎，与顺义县连界。东北有玉石井，北有东水泉、西水泉。沙河支流即温榆河，上游自马坊来，下游至赖马庄，有岸无堤，年年受水害至巨，东北有小河来会。明时高丽人居此，号曰小同江，因高丽故国之须水，号大同江也。高丽儿童之诗歌曰：大同江上朝宗水，却似吾王事大诚。可见高丽自箕子至今，素以服从中华为主义也。高丽民族，李闵金安，已散在内地，或不自知为高丽人，惟朴氏读若瓢，为高丽特姓，今尤为京兆之特姓，惟迁徙不复居于高丽营也。

地势

当京师之东北。辽金元有事于中原，皆先收高丽。明永乐置高丽于京师东北，以见东北屏藩之重。清灭明亦先举高丽。今倭寇据高丽而合邦，比辽金元清之患更烈。顾瞻东北，大有唇亡齿寒之忧，在位者尚酣嬉如李完用耶。

物产

高丽虾仁，高丽脊髓，高丽苹果，皆为京兆烹调之珍味，其法则由高丽所传，今日乡镇惟婚丧新年宴客一用之，高丽人好珍味。其国久弱，所造高丽纸亦粗厚而乏光彩，今乡人造粗纸者比旧法尤劣，驯致于自亡其法。

风俗

各村镇多如此，附着于此章，以见人民宜自奋，无为高丽之续也。

剪发　民国成立，与世界大同，凡官署人员、学徒、生徒，下及夫役次第剪发，惟乡僻尚多戴发拖辫，与朝鲜乡僻土人，犹着古装无异，进化力薄。现因入城市赴县完粮诉讼者，均被剪除发辫，始觉轻便，由巡警干涉村民，渐次剪除。

天足　顺直省议会议决，各县天足会简章及严禁缠足条例：凡十五岁以下未缠者，不得再缠；已缠者，应立即解放。盖专制之时，束缚女子，加以刖足肉刑，本窀娘亡国之习，惟女子不出门，尚有匿而缠足者甚多。

教育

国民学校　经京兆视学考察，腐败顽钝，亦如朝鲜学校，特悬之以为亡国鉴。

学龄及岁不入学　七岁正好入学，乃迁延听其荒嬉，或过十岁始入学。

随意退学　国民四年义务教育，不及欧美期限之半，乃一二年而中途退学。

教习顽固　既不虚心，又不用心，墨守经书教科，不好学问，并京兆事亦罔知。

教室不洁　桌凳不齐，泥尘厚积，杂物零乱，蓬首垢面，虽一室，亦不能治理矣。

265~270

第二十三篇　模范村

23.

模范村

第百五十六章 新宫村

京兆地方，最近设置之模范村，莫近于南苑。昔本无村落，开垦后，各就所领地内，建筑房屋，自成一家，无守望之助，是以盗匪觊觎，偷窃强劫，案如山积。今大兴县既代清室征收地租，于南苑设村，加以整理，择原有户数较多之处，及地方适中之处，承认为村，其余零星散居，不列入草图者，则不认其为村落，俾迁附邻近之村，合群而居，以新宫及槐房合并，拟设第一模范村；或以大兴县移治，旧营则设第二模范村焉，庶几以自治初基，弼成共和郅治。整顿苑租，延欠三年，即行撤佃，拖欠租银，由新佃户补缴。

两村合并一村者

殿庑百户，南场百户，以上二村合为一村。

马桥门十一户，萧庄二十户，以上二村合为一村。

旧有村镇之大者

营市街 四百○七户，有电线、电话，小铁路交通极便利。

鹿囿 二百余户。

大有庄 百三十户。

团河 百余户。

旧有村落之成村者

南大红门 四十户。

北大红门 三十余户。

西红门　二千户。

屈庄　十六户。

北小红门　十五户。

镇国寺　十一户。

旧有村落未成村

回城门七户，双桥门六户，五姓村七户，四五号四户，贾庄三户，高米庄五户。

玉顺庄、得胜庄、郭家场、李庄、四合村、下十号、保善堂、福善庄、安佑庙、合义庄、陈庄、太平庄，以上皆一户，益合堂二户。

第百五十七章　梅厂村

梅厂在武清县东南，距杨村车站二十里，近接天津，而萧然尘外。纺纱织布工厂，创于前清，光绪年间，成绩早著。近年得地方补助，所筹备进行事项，原拟自领款之日起，于一年以内办齐，业经呈准，但武清水灾甚巨，收税寥寥无多，所有常年，补助费拨换现洋，遂不能如期拨给。村长深虑进行事项，旋办旋止，殊挫自治之精神，请变通原计划书，减少事项，并以开办费余存数目，维持已办各事，庶免村事全体概受牵制，指令展限半年，俾资筹备。

地势

距天津五十里，距京师二百里，交通利便，风气易于开通，出品亦恃京津为销路。土壤未尽膏腴，而水灾亦尝波及，盖近处五大河之下游。而海洋空气，足以激发人民远大之志也。

物产

农产因连年荒歉，所收获仍不敷民食，是以全村男女，皆自奋于工业。本村制造品，则有纺纱织布，出品商标，呈准咨行各省，严禁仿冒，并援案请减免税厘。木工藤器，不用洋式，自出新裁，其坚实如嘉道旧器，足见民德之厚也。

梅厂村实行筹办之事业

华新信用购买贩卖组合　详前组合章，事属创举，奉批准照简章筹办。

信用组合　有储蓄银行、农工银行性质，厚金融之力，以便对外。

购买贩卖　合全区小买卖而为大买卖。

工厂定名织木工厂

就学校操场地址，建新砖房二十八间，游廊二十二间、平房四间，屋宇弘敞。

医院

租用校西校会三间，新建砖房六间，光线透亮，装饰颇见精良，以上两项工程，均极坚实，共用银币四千八百八十四元。

女工传习所

花边科，月余已有成绩二十余种，村长办理得法，督率认真，花边精致合用。

教育

女学附设蒙养园，首开风气。高等小学国民学校，管教亦见精神。

第百五十八章　北坞村

北坞村亦村之近于巨镇者。观黄村、杨村之自然发达，知村为各城各镇之原点。今三河全境六百余村，而村之最大者，则为北坞，人众事繁，既非本村长佐所能胜任，亦非他村区董所能兼理，加之南有二里半，北有小屯庄，西有梁家务、李家务，东有潘各庄，六村毗连，俨如巨镇，回汉杂处，势多隔膜，非合六村立一区，不能聊民情，而资治理。计七百余户，风气强悍，良莠不齐，其形势与马坊镇并重，盗贼之薮，持械戕人。既有区董。设立警岗，助导学龄儿童入学，修其孝悌忠信，化其强悍梗顽，庶几乎自治矣。

地势

原系三河西九区，民国五年，始并入七区，今划为第十三区。地势平坦广沃，每当青纱帐起，地方行旅则有不安，啸聚成群，抢劫委员，打死警备队，命案多未破获，非加以特别防范，不足以靖地方而安良善。

物产

秋收之际，无业游民，名为捡拾庄稼，实则掳掠田禾，虽有看青之人亦不畏，惟区董众望咸孚，于此等行为，轻则儆戒，重则究办，渐知畏法安分。然人多地少，收入不足食，三河妇女，多入京为女仆，即此之由也，京东大路，养骡马者亦多。

分区自治事项

添巡警四名　月饷由本庄担任半数。

地方税　本村骡马捐，划归本区藉供警饷。

选任区董　十室之一，必有忠信，选举与能，必以乡望为标准。

防患未然　区董生长本村，孰暴孰良，不难调查，或明为劝导，或暗为提防，恩威并用，使宵小无从而出，则盗曲之根株绝。

兴学计划　六村七百余户，学龄儿童亦七百余人。昔国民学校一，学生无多。分区后延请良师，多设学校，计六村各有国民学校一处，即于北坞，原有国民学校，拓充校舍，渐升乙种农学，并设女学注重工艺，果有恒产恒心，虽赏之不窃。

移殖闲民　凡无土地恒产，不足自存于本村者，由地方公凑川资，趁春融移之塞外傍青，以做工自食其力，由亲友监督送上火车。

严查游惰　巡警四名，更番严查，不准容留外来游民。

禁止淫戏　有从固安牛驼镇传来登云会淫戏，立时严禁，不准售临时戏园票。

271~274

第二十四篇　结论

24.

结论

第百五十九章 首善

大中华行政区域，以京兆称首善，盖京师所在元首所在也。观国者先观其都会，犹见人必先识其面也。京兆列县在郊甸者，犹面之四旁也。京汉、京奉、京绥、京通、京门，及未成之京热，皆辐辏于京兆，犹神经之汇于脑海而发于四肢百骸也。国家之行政在京师，地方之行政在京兆，国家之新政，施之地方者必自京兆为始。京兆之人，近于中央，凡遇国家之义务，莫不毅然为各省先。庶人在官者，亦惟京兆人有优先之权利。天时地利人和，皆足以为首善，有固有之美德焉。

自然地之首善

全球以温带为最善，温带南闽广热，温带北满蒙寒，惟京兆居温带中尤善。山居者僻，野居者旷，惟立于大山之下，平原之上，如振衣而挈领，足为元首。膏沃之地则俗靡，沙漠之地则俗鄙，惟可耕。可牧之地，动植咸宜。

民非水火不能生活，沙河天然之沙沥，西山蕴蓄之煤层，皆民生之至宝。

旧时之首善

涿县上中下三坡，选三老以自治。比于桃源瑞士，为共和先民。

斋堂僻居山陬，亦达设孔庙，至圣道像，与曲阜相同，十室之邑，必有忠信。

居庸古碑，有类罗马文者，有类梵文者，有类汉字而变体者，足见元室大都声教。十三陵详于《昌平山水记》，足见明末遗老之忠，清室开国之厚。

世俗但知南人使船，不知运河之工，元时郭守敬所测量建筑，比南人更巧。

世俗但知秦始皇筑长城，不知明徐达修边墙，高于秦城；永乐北伐，亦远于卫霍。

今日之首善

中国全国铁路最密之处，必以京兆为第一，京通、京门、京苑皆在郊甸，各省所无。各省自治，一经解散，毫无基础，京兆分区选任区董，视昔日为密，类能筹备进行。各省教育，惟江浙尚能进行，京兆各县劝学所，恢复以来，校数人数，已增至一倍。各巨镇如新集镇，有纱厂、有铁厂、有颜料厂、有中学，他省新立之镇，未易及也。模范村如梅厂，有医院、有工厂，商业有组合，女学有蒙养园，各省村落，未易及也。

第百六十章　比较

京兆地方，比较各省区为最小。昔顺天府旧属，犹二十四，遵化、丰润、玉田，亦曾隶于顺天府。民国初元，以京兆地之完全独立，乃以近于天津之宁河、文安、大城、保定四县，割入直隶，使直隶属县多者益增多，京兆属县少者益减少，殊失其平衡。如谓近于天津者宜归直隶，则口北十县，与天津悬隔，往返须经京绥京奉两路，纵贯京兆境，何以不归之京兆。涞易三县铁路直达，来京视赴津便，定兴、新城亦然。夫边区十数县，往往开拓为数十县。京兆地无可拓，惟有因自然地理、政治地理，厚集其力，庶几根本之策也。

废省分州之旧议

民国初元，各省病都督席，督抚威权而加厉，于是有废省分州之议。征全国意见，军阀为梗，不愿各道观察直隶中央，仅得京兆一模范耳。

并道分省之旧议

地学会主张分治。传甲以为古之州名、道名皆由大而小，不足为各省区之名，宜一律称省，且用一字为省名，务从平日之习惯，如京兆则为京省，直隶东半为津省，西半为保省，其他每省分为二三省，以督军省长，改为省尹，庶几政治可收敏活之效。原稿在《地学杂志》中。

京兆比各省何如

江苏省今日不过六十县，在昔日分为宁属、苏属，则各得其半而已。况清季有江淮分省之事，近年有徐州设省之议。盖中国不自强则已，苟自强则分省之事，必不能不实行也。新疆辽阔，治理最疏，不足拟也。

京兆比世界何如

英伦之工业　英伦土瘠人多，全恃工业，是以空气不能清洁。京兆地瘠人多，即有工厂，亦散在清河、长辛店、新集镇，不集于首都。

巴黎风俗之衰颓　京兆风俗纯厚。近日东南浮华妇女，心醉欧风，狂如饮鸩，衣饰名曰文明，实即奢侈，离婚堕胎，为人道世蟊贼，未来隐忧也。

华盛顿翛然尘外　不与纽约争繁华，盖行政之元首，宜于高洁，犹京兆不与天津争繁华也，斯则美之联邦长治久安所由来也。

《大中华京兆地理志》后序

《大中华京兆地理志》之名。上年十月十日，《江苏志》出版时，文贤闻杭县章厥生，在北京高等师范学校编纂，今年又有房山吕士熊、殷祖英、宝坻张景贤、武清傅维熙、霸县王恩深调查。时林子奎腾方编《京师志》，章厥生有事南归，《京兆志》仍由林子总纂。遂屡至京兆第一中学，属门人孙荫昌学监，促诸生调查乡土，并每人奖旧刊书籍一册。时各校因青岛事，提前放假，不及年考而归。先生见京兆诸生，诲之曰："舍业以嬉，国之蠹也。名曰爱国，暑假时不遵部令调查乡土，非吾徒也，亦有愧为京兆人也。"文贤世居京兆，长姊淑嬿，归先生仲弟仲德先生，文贤于姊丈家，读先生著述，见其学不厌教不倦精神。因于暑假中，遂日调查邮呈，先生于采择后，必逐日批答，座上邮函积高尺许，文贤之函，亦二寸许。先生谓调查之役，文贤为诸生之冠。别有师范生，顺义童殿佐，永清杨格所调查，由北京师范陆广侯校长征集。广侯亦先生大学高材，今日之高材，则再传弟子也。先生书成侄辈家元、家亨，渐能讲读，家贞、家华等，亦头角峥嵘。光阴迅速，文贤重先生之惜秒阴，有志必成。愿京兆同学，共勉进焉。

京兆刘文贤序于第一中学校。

林奎腾未刊书目

旧稿未刊者，或存或佚，或散在各省师友学生之家。因京兆学生之问，附记其目。

《福海归程记》壬寅秋始归闽，昔生长长江流域，未解乡谈，渐多识沿海动植。

《湖南驿程记》襄校湖南督学使幕，历试各州郡，又深入苗疆，以实地考察。

《代数难题补解》西湖精舍演算之稿，衡阳诸生，传钞成帙，巴陵刘贤拔总校。

《辽金元三史蒙拾》绍兴俞戴祜先生阅定。先生没，此书遂随先生遗稿并佚。

《满蒙回藏地名译义》新化邹沅帆先生阅改。游邵阳时，佚其稿。

《塞北诗集》出张北，历丰镇，诗格一变。国是报刊本。

《易水诗集》行吟易水，乃近年最不得意之时。涞水杨士炜抄本，较诸生最详。

《易水文集》梁节庵、林琴南两先生鉴阅，仅由易县中学油印。

《山东诗集》登泰山、谒孔林、游坊子、张店、博山、青岛、周村、潍县，长女德育汇抄本。

《西湖别集》樊绍述附祀《白香山祠碑记》，谒先贤端子木使越祠诗，乃游浙之纪念。

《应山小识》节母林下老人，居锡善堂十二年，教成三子，兹编兼记藏休息游之事。

《家庭教科书》历代祖宗像赞，祖墓道里记，祖产契约，祖训遗嘱，专为子孙抄读本。